教会でも がん哲学外来カフェを 始めよう

Okio Hino
樋野興夫 編著

日本キリスト教団出版局

装丁　松本七重

はじめに　がん哲学とは

樋野興夫《ひのおきお》

「二人に一人ががんになる時代」と言われます。それだけ、がん告知を受ける人が多いということです。しかし医学も日進月歩で進歩していますから、告知されても、すぐに人生が終わるわけではありません。

ここに新しい人生の課題が生まれます。「告知された後、がんをいかに受け入れて、がんと共にいかに生きていくか」ということです。これは当人はもちろん、家族や友人など、患者と親しい方々の課題にもなります。しかし従来の医療はがん治療には大きな力を発揮しても、この課題に取り組むことは不十分でした。私の造語「がん哲学」は、この課題に取り組むものです。

＊

聖書に、よく知られた、こういう言葉があります。目の見えない人がいました。誰かが何かの罪を犯したために目が見えないのだろうか、と問う弟子たちに対して、イエス・キリストが言いました。「本人が罪を犯したからでも、両親が罪を犯したからでもない。神の業がこの人に現れるためである」（ヨハネ9・3）。

これはがん哲学にとって、重要な言葉です。がん告知を受けると、人は、「なぜ、この私が」と問わないではおれません。何が悪かったのか、と過去を振り返ります。でも必要なのは、過去を振り返ることではなく、未来を見ることです。これから、いかに生きるかを考えることです。生きる向きを転換しなければなりません。「なぜ」ではなく「いかに」。「ホワイ（why）」ではなく「ハウ（how）」。この方向転換が重要です。

イエス・キリストは「神の業がこの人に現れるためだ」と言いました。つらい現実の中でも、自分に与えられている使命があると知れば、顔つきは変わり、生きることに前向きになります。これが目ざすところです。

＊

このがん哲学を実践する「がん哲学外来」が始まったのは二〇〇八年、順天堂大学においてです。私が、患者さんやその家族と個人面談をし、対話の中でその方に必要と思える「言葉の処方箋」を出します。最初は期間限定の試みでしたが、予約が殺到しました。私がやろうとしたというよりは、時代に背中を押されて、ここまで続けてきたというのが実感です。

さらに、日本全国に、「がん哲学外来メディカルカフェ」あるいは「がん哲学外来カフェ」が続々と生まれています。現在、二〇〇箇所近くあります（詳細は、一般社団法人がん哲学外来ホームページ参照。http://www.gantetsugaku.org/）。いくつかのカフェをのぞいて、私がいつも出席するわけではありません。私は、カフェの初回や周年記念の時などに伺いますが、通常は、参加者の分かち合いを中心に会が開かれています。この全国のカフェに、がん告知を受けて絶望していた人がやってきて、カフェが終わると、新しい気力と喜びを与えられて、さっそうと帰っていく。そういうことが日々起こっているのです。

*

本書は、このがん哲学外来カフェを「教会でも、開こう！」と呼びかけるために作られました。教会がこのために用いられることを願っています。現実に、今、全国で約二〇〇あるカフェのうち、教会で開かれているカフェが五〇近くあります。今後さらに増えていくでしょう。

私の夢は人口一万五千人にひとつ、カフェがあることです。そのためには日本全国に七千のカフェが必要です。それは奇しくも、日本全国にある教会の数でもあるのです。カフェに来るのは体調に不安を抱える、悩める人々です。自転車や徒歩で気軽に行ける範囲にカフェが必要なのです。ぜひ教会が、そのために立ち上がってほしい。

本書には、教会でカフェを開くときに留意すべきことや、実際にカフェを開いている方々の体験談などがまとめられています。すでに教会でカフェを開いている方や、カフェに関心を持っている多くの方々に本書が読まれることを願っています。

教会でも、がん哲学外来カフェを始めよう

目次

第2部　がん哲学外来メディカルカフェ　スタッフ体験記

（執筆者名の下に記したカフェの名称は略称です）

許し許されながら寄り添い合う……彦田かな子　シャチホコカフェ　30
共感があればカフェは開ける……岸尾　光　新座志木カフェ　34
カフェで前に進むヒントをもらう……小玉まゆみ　to be café　38
医療従事者として家族として……高野みどり　春日部・野田カフェ　42
教会が門戸を開く大切さに気づく……吉川健一　菊名カフェ　46
聖書や祈りはなくても証しはある……山尾研一　町田カフェ　50
患者には時間がない　今こそカフェを！……岡　澄子　のぞみカフェ　54
福祉施設内のカフェは地域のリビング……奥山　寧　東中野カフェ　58
帰るべき場所があると知ってもらいたい……若生礼子　百舌鳥・帝塚山カフェ　62
妻とメディカル・カフェ……若生秋夫　66

カフェは愛と希望を与えてくれる場所……森　尚子　目白カフェ　68
カフェは神さまに導かれて……延藤好英　和気カフェ　72

第3部　教会カフェ　いかに始め、いかに続けてきたか

バトンを受け取って……太田和歌子　白鷺カフェ　78
地域に仕える、という教会の伝統に立って……村岡博史　弘前カフェ　84
ゆるーい雰囲気を大切に……海老澤規子　筑西カフェ　88
やっているうちに、しみ込んでくる……木暮達也　渋川カフェ　92
「ようこそ!」という溢れる思いで……春日井いつ子　ながれやまカフェ　96
一回のカフェが一期一会と心得る……金田佐久子　川口カフェ　100
「がん友の恵み」を広めよう……疋田國磨呂　本庄カフェ　104

＊本書の聖書引用は、基本的に『聖書　新共同訳』（日本聖書協会）に準拠しています。
＊本書第２部は、雑誌『信徒の友』（日本キリスト教団出版局）で二〇一六年度連載された「がん哲学外来レポート　メディカルカフェスタッフ体験記」に加筆したものです。

第1部

教会で
がん哲学外来カフェを
開くために、大切なこと

頑丈な「からっぽの器」を用意しよう

樋野興夫

今、日本の多くの教会が、伝道や宣教の困難に直面していると思います。伝道集会など特別の機会を設けて、ノンクリスチャンの方々を教会に招きたいと願っても、思うようにいきません。教会の敷居が高いのです。

そんな中、がん哲学外来カフェ（以下、カフェ）は「例外」なのかもしれません。日曜日の礼拝よりも、カフェの出席者のほうが多いという教会があります。カフェ出席者の半分、あるいはそれ以上がノンクリスチャンという所も少なくありません。教会を会場とするカフェで、カフェの代表がノンクリスチャンだったり、スタッフがノンクリスチャンだったり。教会員とノンクリスチャンが力を合わせて、カフェの運営をしている所も多いのです。

そういうわさを聞きつけて、がん哲学外来に関心を持つ教会員や牧師たちが増えているようです。本書を手に取っているあなたも、そういう一人かもしれません。そこで、教会でカフェを開くために留意すべき事柄を記していきたいと思います。

ある教会カフェの様子

まず、カフェを経験したことがない読者のために、あるカフェの様子を一例として紹介します（カフェによってさまざまなやり方がありますので、ぜひお近くのカフェに出席してみてください）。私がその教会の伝道集会の講師として呼ばれたことをきっかけに、三年前に始まりました。

教会の礼拝堂を会場に、毎月一回、水曜日の午前中に開かれています。九時過ぎにスタッフが集まってきます。スタッフは一〇名ほど、内四名が、その教会の牧師と教会員です。受付を整え、礼拝堂に机と椅子を配置し、台所でお湯を沸かして、とテキパキ準備が進んでいきます。

そうこうしているうちに、少しずつ参加者が集まってきます。参加費は三〇〇円で、三〇〜四〇名ほどの出席者があります。患者本人、遺族、友人、がんではない別の病を抱えた人など、さまざまです。多くはノンクリスチャンですが、幼いときに教会学校に行っていた、ミッションスクールに通っていた、家族がクリスチャンという方もいます。生まれて初めて教会という場所に入った方もいます。常連さんもいれば、新しい参加者もいます。礼拝堂には大きなテーブルが三つあり、ち

がん哲学外来カフェを安心・安全な場にするための約束

・自分の考えや価値観を押し付けません。
・相手の意見や考えを否定しないで聴きます。
・全員が話せるように、一人で長く話しません。
・強引な販売や勧誘はしません。
・カフェの外での交流は各自の自己責任で行います。

ょっとしたお菓子と飲み物が置かれていて、そこに分かれて座ります。

十時に始まります。最初に礼拝堂のピアノで伴奏して歌をうたいます。童謡が多いですが、ポップスを歌うこともあります。続いて牧師が、私の本（『いい覚悟で生きる　がん哲学外来から広がる言葉の処方箋』小学館）から一項目を朗読します。そしてカフェの代表が、「がん哲学外来カフェを安心・安全な場にするための約束」を読み上げて、分かち合いが始まります。

各テーブルには「ファシリテーター」（進行役）となるスタッフがいて、話の流れに応じて、みんなの言葉を引き出していきます。例えば、再発の恐れを訴える方があれば、ファシリテーターが自分の経験を話したり、ほかの出席者に経験を語ってもらったり、という具合です。

分かち合いは一時間程度で終了し、最後に全員が今日の感想をひとことずつ語ります。その月に生まれた人をお祝いする誕生会も必ず行います。カフェは十二時で終わりますが、希望者はその後、サンドイッチの昼食をとり、もう少し談笑することもできます。

教会で開くことのメリット

……という感じでカフェが行われます。イメージがつかめたでしょうか。町の公民館などで開催されるカフェも多いのですが、その場合、皆さん苦労しているのは、抽選に当たらないと場所を使えないということです。つまり先々の予定を立てることができないのです。

これに対して、教会で開くことの大きな利点は、会場をきちんと確保できることです。例えば、毎月一回、第四土曜日の午後二時から四時、というように決めておけば、出席者は安心です。「今月は参加できないけど、来月はぜひ行こう」と考えることができます。複数の近隣の教会で協力して、「A教会は偶数月に開催、B教会は奇数月に開催」というように分担することもできます。こういうことができるのも、場所があって定期的に開催できるからです。

また教会にはいろいろな設備や備品があります。トイレ、台所、ピアノやオルガン、文房具など。こうしたものを使えることも、カフェを開く場合、大切なことです。さらに教会という建物自体がもっている空気感、ぬくもり、安心感も、出席者の心にやすらぎを与えるでしょう。

教会で開く時に留意すべきこと

しかしまた、教会でカフェを開く場合に、ぜひ気をつけていただきたいこともあります。私が教会でお話しするときに必ずお伝えするのは、「底が抜けない、頑丈な、空っぽの器を作ってください」ということです。

こういうことが起こります。がん患者が自宅近くの教会でカフェが開かれると聞きました。勇気を出して扉を開けて入ってみましたが、同じテーブルの人が、神さまがどうだ、信仰がこうだ、というような話を始めたのです。「自分はそんな話を聞くためにカフェに行ったわけではない。もう二度と行かない」。こういう感想を聞くことが、あるのです。

カフェは伝道や宣教の場所ではありません。悩める患者のための場所です。これは重要なことです。病気で苦しんでいる方、告知を受けて絶望している方、再発の恐れの中にある方、愛する家族を失って呆然としている方。そうした方が「なぜ」から「いかに」へ生きる方向を転換して（本書4頁参照）、もう一度元気になることを願って、開催します。そのために教会は「空っぽの器」を作ることが大切です。丈夫な、頑丈な器を作ってください。

カフェを始めるときも、始めてからも、いろいろな声が聞こえてくるかもしれません。カフェの中で問題が起こったり、「宣教第一でないなら、教会でやる意味があるか」、そんな声が教会の中か

対話のルール

・何を言ってもよい
・聞いたことを批判しない
・発言したい時は手をあげる
・参加者への質問は大歓迎
・沈黙の時は「考える時」
・ただ聞いているだけでもよい

ら生まれるかもしれません。そういう時に、あなたは「自分は、いいかげんではない」という姿勢を内外に示す必要があります。

私が尊敬する南原繁《なんばら》は戦後、教育基本法を作る際に国会に呼ばれ、話をしました。多くのヤジが飛ぶ中で、南原は毅然《きぜん》として言ったそうです、「私がいいかげんに見えますか?」。するとヤジがピタッと、やんだと、私は若き日に聞きました。

いいかげんなものに、人は深入りできません。自分の病気という、きわめて個人的なことを、いいかげんな人に語ることはできません。「私は、いいかげんな気持ちでカフェをやっているのではない」。そうやって自分が覚悟を決めていることを明らかにしていくならば、スタッフの結束は高まり、出席者も信頼してくれるようになります。

またカフェには苦しい状況にある、さまざまな人が来て、対話しますが、皆、どうしても自分のことで精いっぱいになりがちです。そのような方々を受け入れるために、特にカフェのスタッフは「対話のルール」を学んでください。ある教会のカフェではルールを大きく掲示して、それを囲んでカフェを行っているそうです。

スタッフは複数、少なくとも三人いるとよいでしょう。ひとりの決意で始めても長続きしません。三人いれば、補い合い、励まし合っていくことができます。一度始めたら、最低でも三年は続ける決意でのぞんでください。三年続かないものは、始めないほうがよいのです。

こうして底が抜けない、頑丈な器を作っていくのです。器の中身は出席者が注いでくれます。教会の人は、つい自分で中身まで準備したくなります。しかしそこは我慢して、器を整えることに心を砕いてください。ことさらに聖書や神さまを強調しなくとも、来てくれる人は、そこが教会であることをきちんとわかっています。スタッフの顔つきや態度を見て、教会がどういうところなのか、ちゃんとわかってくれると信頼しましょう。

教会カフェと「言葉の処方箋」

ここまで、「場所」「器」としての教会、ということを述べてきました。もう一つ、カフェを運営していく上で、教会が大切にしてきた言葉や価値観も役に立ちます。教会でカフェをやる際に基礎となる言葉・視点、「言葉の処方箋」をいくつか記してみます。

死から人生を見つめ直す

がんの告知を受けると、人は装ってきたものを剝ぎ取られます。「わたしは裸で母の胎を出た。裸でそこに帰ろう。主は与え、主は奪う。主の御名はほめたたえられよ」（ヨブ記１・21）という言葉が聖書にあるとおりです。

私は病理学者ですから、毎週、病理解剖をしました。そこで人間はいつか必ず死ぬということを徹底的に叩き込まれました。聖書の「人は皆、草のようで、その華やかさはすべて、草の花のようだ。草は枯れ、花は散る。しかし、主の言葉は永遠に変わることがない」（一ペトロ１・24―25）という言葉がよくわかりました。これは死から人生を見つめ直すということです。そうすると他人との比較なんて、どうでもよくなります。

装いを脱いだ人は生きる基軸が新しく必要になります。がん哲学外来は生きる基軸となる言葉を伝えることで、患者さんを、「救済の客体」ではなく「解放の主体」にしていこうとするものです。

命は与えられたものであり、自分の所有物ではありません。与えられたものは返す時が来ます。死から見つめ直して、残された人生をどう生きるか。今、何をするのか。これが生きる基軸です。

だいたいのことは、ほっておけばいい

病気になると、できていたことができなくなります。また色んな心配に捕らわれます。その時に大切なのは優先順位（プライオリティ）をつけることです。「あなたは多くのことに思い悩み、心を乱している。しかし、必要なことはただ一つだけである」とイエス・キリストが言ったことを思い出します（ルカ10・41―42）。今、自分にとって大切なことは何でしょうか。

私が尊敬する矢内原忠雄は青年の時、父親を亡くしました。父の死後の運命について思い悩んだ末に、矢内原は、先生であった内村鑑三を訪ねて、質問しました。すると内村は「私にもわからない」と答えたのです。矢内原は「内村先生にもわからないことがある」と驚くと同時に、それで悩みが解消してしまいました。

がん哲学外来は、病気を治療する場ではなく、気づきの場であり、学びの場です。悩みの解決はできませんが、解消はできます。解消というのは、それまで悩んでいたことの順位が下がることです。曖昧なことは曖昧に考えればよいのです。わからないことはわからないでいいのです。大切なこと以外は「ほっとけ」「ほっとけ」、これが合い言葉です。

勇ましい高尚なる生涯

内村鑑三は「成功の秘訣」十箇条の中で、人生の目的は「品性を完成するに在り」と言っています。悪い性格を良い性格へと変えていくこと、これが品性の完成です。

同様に、聖書に「苦難は忍耐を、忍耐は練達を、練達は希望を生む」（ローマ5・3―4）という言葉があります。この「練達」は別の聖書では「品格」や「品性」と訳されています。治療できるなら治療してください。治療が難しければ、がんの存在を認め、共存しましょう。がんと共存する苦難が忍耐を育て、品性を磨きます。

内村鑑三は、また、誰もが後世に残すことができる最大の遺物は「勇ましい高尚なる生涯」であるとも言いました。がんを受け入れ、日々朗らかに、周りの人を愛し、すべてのことに感謝し、困っている人を助けるような生き方ができれば、まさに「勇ましい高尚なる生涯」です。

最後の五年間をどう生きるかが勝負です。後から来る人のために、自分のこれからの生き方を贈り物にするつもりで生きてください。

もしかしたら、この時のために

同胞にたいへんな危機が訪れたとき、王妃エステルにこう告げた人物がいました。「あなたがこの王国に来たのは、もしかすると、この時のためであるかもしれない」（エステル記４・14、新改訳）。これを聞いたエステルは、自分の使命に目ざめて、立ち上がりました。そういう物語が聖書にあります。

これは、がん哲学外来の目ざす姿です。重い病気になると、自分を「病人」と思い込んで、絶望的になってしまいがちです。でも病気ではあっても、病人ではありません。「あなた」であることは病気の前と後で何も変わっていないのです。

治療が難しいほど病気が進んでも、できることはたくさんあります。これまで逃げていた課題に向き合うチャンスかもしれません。

「もしかしたら、この時のために、自分は病気になったのではないか」。そういう気づきを得て、自分の新しい使命を見つけ出す人は、強いです。

もはや人生に期待できなくなったとしても、人生から期待されていることがあります。

暇げな風貌で、無邪気に一生懸命

私はがん哲学外来を訪れるがん患者に、「カフェに行きなさい。カフェをやりなさい」と、よくすすめます。がんになると、自分のことで頭がいっぱいになってしまいます。しかし考えるほどに不安が強くなってしまうものです。自分のことを考えるのは、一日一時間で、じゅうぶんです。あとの時間で他人のことを考えてはどうでしょうか。家に閉じこもっていないで、外に出て、近くのカフェに行ってみてください。

聖書に「受けるよりは与える方が幸いである」というイエス・キリストの言葉があります（使徒言行録20・35）。同じ悩みを抱えている人と、一緒に迷ったり、悩んだり、励ましたり、経験を伝えたり、何かができるはずです。自分の話を人に押し付けるのではなく、相手が話したくないならじっと黙っていればよいのです。「暇げな風貌」で、そっと寄り添ってください。

無邪気に一生懸命、小さなことに大きな愛をこめて、「喜ぶ人と共に喜び、泣く人と共に泣きなさい」（ローマ12・15）。困っている人と一緒に困ることができる人、そう、童謡の「犬のおまわりさん」のような人になりましょう。

キリストを感じてもらえる働きを

榊原《さかきばら》　寛《ひろし》

古くからの知人である樋野先生が「がん哲学外来」を打ち出したのが、一〇年ほど前でした。そして、「病院が集まっている、この東京・お茶の水でがん哲学外来カフェを開きませんか」と私に声をかけてくださいました。私も先生の思いに賛同し、お茶の水クリスチャン・センターで「お茶の水メディカル・カフェ in OCC」が始まったのが二〇一一年のことです。以来、総合司会としてこのカフェの働きに加わらせていただいています。

カフェは毎月一回、土曜日の午後に開催し、多い時には一〇〇名くらいの方が来られます。お茶の水でカフェに触れて、御自分の教会や地元で新しくカフェを始める方も多くいらっしゃいます。言ってみれば、お茶の水は「苗床カフェ」ですね。

一緒に困る生き方

がん哲学外来カフェについて考えるとき、私が思うのは、イエスさまが語ってくださった「善いサマリア人のたとえ」（ルカ10・25以下）です。

追いはぎに襲われた人が道に倒れていました。祭司もレビ人も、それぞれ自分の用事があったのでしょう。見て見ぬ振りをして通り過ぎてしまいます。しかしサマリア人は、その倒れている人を憐れに思い、近づいていってお世話をしました。このたとえを語った後、イエスさまは「行って、あなたも同じようにしなさい」と私たちに教えてくださいました。このサマリア人の姿は、イエスさまの姿です。教会は、このイエスさまのお姿にならうように招かれています。そしてがん哲学外来カフェは、まさに、このサマリア人の姿を自分のものとし、イエスさまにならう働きではないでしょうか。

私は牧師になって五〇年になりますが、困っている人と一緒に困る生き方、寄り添う生き方ができればなと願って働いてきました。カフェにも、そういう者として参加しています。

カフェには苦しんでいる方々が助けを求めて来られます。突然がん告知を受けて茫然自失の方に出会うとき、私も言葉を失います。でも一緒に困る、一緒に苦しむ、一緒に悩む。それが、私がそこにいる意味ではないか、と思っています。

私は四〇年前に六歳の次男を交通事故で亡くしました。なお胸をかきむしられるような痛みに襲われますが、この経験も今、生かされている気がします。神さまがすべてを用いてくださって、私たちを、誰かの悲しみに寄り添うことができるようにしてくださる。そうやってカフェの働きをさせていただくのだと感じています。

待つ姿勢が大切

カフェは直接伝道の場ではありません。牧師として、キリスト者として、「絶望しているこの人に福音を伝えたい」という願いを持つのは、ある意味で当然だと思います。しかしキリスト教とは縁がなかった方が、このお茶の水クリスチャン・センターのビルに足を踏み入れてくださっている。教会カフェなら、教会の礼拝堂に入ってきてくださっている、それだけで、すばらしいことではないでしょうか。

カフェは「伝道の場」であるよりも、まず「一緒に生きるための場」です。それがよい「場」であれば、必ず教会によい印象を抱いてくださり、その中から神さまについて、イエスさまについて知りたい、賛美したいという方が現れるのではないでしょうか。押し付けるのではなくて、待つ姿勢が大切です。

教会はこれまで地域社会に向けて「教会にいらっしゃいませんか」と呼びかけてきましたが、カフェを通して「共に歩みませんか」と呼びかけられたらすばらしいですね。生きていれば、苦しいことがたくさんあります。なぜ、私が……、と途方に暮れるような経験が突然与えられます。そのさなかで打ちのめされている方々の隣に立って、「一緒に苦労して、一緒に涙して、一緒に生きようじゃないか」、そう呼びかけることが、教会に託された大切な働きだと思います。

頭ごなしに、上から目線でイエスさまをお伝えするのではなくて、この小さな私を通してキリストを見てほしい、感じてほしい、味わってほしい。そういう思いで、これからもがん哲学外来カフェの働きに関わっていきたいですし、同労の仲間が与えられることを願っています。

（お茶の水クリスチャン・センター副理事長）

がん哲学外来カフェの心得

〜立居振舞い３ヶ条〜

がん哲学外来カフェの方針の３ヶ条

・他人の必要に共感すること（自分を押し付けない）

・暇げな風貌（忙しすぎてはならない）

・速効性と英断（いいと思ったらすぐ実行）

カフェスタッフの要件の３ヶ条

・品性（人生の目的は品性の完成である）

・使命感（偉大なるお節介）

・犠牲を払う（自らは犠牲になっても、心は豊かになる）

がん哲学外来カフェの役割の３ヶ条

・個人面談

・場作り（来訪者にお茶を出す）

・研鑽（30分間の沈黙にも、お互いが苦痛にならない存在となる）

がん哲学外来メディカル・カフェの手引き
（http://www.gantetsugaku.org/gantetsu_medical_cafe_manual.pdf）より

第2部

がん哲学外来
メディカルカフェ
スタッフ体験記

シャチホコ記念　がん哲学外来メディカルカフェ

許し許されながら寄り添い合う

彦田《ひこだ》かな子

ある日、お風呂に入っていると湯船にミルクがつーつーと筋を描きました。さらに乳房を押してみると、少し血液が混ざっていました。胸がキュッとなるような不安と「まさか私が乳がん？　そんなはずはない」と胸騒ぎがしてドキドキが収まりませんでした。はっきりと思い出せるのはそこまでです。それからは、検査、先生の話、検査結果の告知……おろおろするか涙するかの毎日でした。

答えの出ない自問自答

割に真面目に生きてきました。いじめられはしましたが、いじめっ子ではありませんでした。家の手伝いもよくしました。夢を追って親に心配をかけたりもしましたが幸せな結婚をして三人のかわいい子どもにも恵まれ、両親に孫の顔を見せることもできました。なぜ私なのか、何がいけなかったのだろう、答えの出ない自問自答を繰り返しました。

医師の言い方で一喜一憂する私に夫は、「言葉の裏側をばかり考えて、ああだこうだと想像するより、先生が説明してくれた事実を理解する努力をしたほうがいい」とアドバイスしました。私は、「なんて冷たい人なのだろう、正論を並べて私の気持ちをわかってくれていない」と感じて、もう心の中はぐちゃぐちゃでした。

治療が進むにつれて心だけでなく体への負担も日に日に大きくなり、いかにして副作用を減らして活動できる日を増やすかについて考える時間が多くなっていきました。

ただ、そのころから少しずつ私の心に変化が現れ始めました。不思議なことですが「できること」を探しだすと、「できること」に喜びを感じるようになりました。それからは次々に感謝や希望や優しさが見つかるという、「がん」だけどちょっと素敵な毎日がやってきました。

思いの共有を

そんな中で「名古屋がん哲学外来メディカルカフェ」と出会いました。カフェに参加して印象的だったのは、参加者同士の中に許し合い、寄り添い合う雰囲気が満ちていたことでした。そんな皆さんと対話を重ね、安心していくうちに病気も自分自身も他者も許してみようと思えるようになりました。がんになる前から思い描いていた理想の人に、もしかしたらなれるかもと小さな希望を見つけた気がしたことを忘れません。

樋野興夫先生とも出会い、病気の私にも使命や役割があると教えていただき新たなメディカルカフェを名古屋に立ち上げることになりました。関わったのは私と看護師の竹内るり子さんの二人でしたが、その相談の席上、樋野先生は「やったらいいじゃない」と、その場で次々と決めてくださいました。先生がよくおっしゃる「英断と速効性」を目の当たりにした瞬間でした。

カフェは毎月一回、名古屋の郵便局の会議室を借りて開催しています。講師の話を聞き、その後お茶とお菓子をいただきながら対話を味わっています。看護師さん、患者さん、家族、樋野先生の本に共感された方などさまざまな立場の方が来ています。カフェで感じることは、立場や役割が違っても「許し許されたい」という気持ちは同じだということ、病気であっても病気でなくても誰もが多くの人に支えられて生きているのだということです。今思えば、あのとき冷たく感じた夫の対応も家族として私を支えるための最良の言動だったのだと気づき、感謝しています。

カフェの開催にあたっては場所の確保、広報など少し手間もかかりましたが多くの方と出会い、関わることで、私の心は元気になり、癒やされてきました。参加者同士が愛を受け取る側でありながら、同時に与える側の人にもなります。その瞬間に立ち会わせてもらえて心からうれしく思います。

人は経験した感情の種類が多いほど、苦しい状況になったときでも幸せを発見する回数が多くなり、前向きに生きることができると聞いたことがあります。つらい経験をした者や、苦しんでみないと見えない景色があることをカフェで実感しています。

二〇一五年一二月の第一回メディカルカフェ開催から四年が過ぎました。不安いっぱいの中、手探りでスタートし、初開催日の参加者は一名でした。一名が二名に、二名が四名に、と少しずつ参加人数も増えていき、今では毎回二〇名以上の方に来ていただいています。

ただただ愛を込めて、「空っぽの器」＝場所を提供する。愛の込め方は、色々で大丈夫だと多くのメディカルカフェに参加するうちに学びました。今後もシャチホコ記念スタイルで心を込めたカフェを参加者の皆さんと一緒に作り上げていこうと思います。

（シャチホコ記念　がん哲学外来メディカルカフェ代表）

言葉の処方箋

なすべきことをなそうとする愛

彦田さんは、がん告知を受けて心の中が一度はぐちゃぐちゃになりました。でもそこから立ち直り、自分にできることを探し始めました。どんな状況や境遇になっても、自分になすべきことがある人は強いとがん哲学外来を続けてきて思います。そういう患者さんには試練という事実を直視する強さ、大切なことを判断する胆力があるのです。病気になっても誰にも役割があります。なすべきことをなそうとするとき、人は大きな愛の持ち主に成長します。

（樋野）

新座志木がん哲学外来・カフェ

共感があればカフェは開ける

岸尾《きしお》　光《ひかる》

メディカル・カフェ開催を志して

二〇一一年三月、妻の母ががんで、半年間の闘病生活を経て他界しました。翌年五月、東京のお茶の水クリスチャン・センターで開かれたメディカル・カフェの開設記念講演会に妻が参加し、がん哲学外来メディカル・カフェに強い関心を持ちました。

実は、妻だけでなく私も親族や知人の中にがん患者が多くいたことから、二人とも何か助けになりたいと思ったのです。私は新座志木バプテスト教会の牧師をしておりますが、二〇一三年秋ごろから、教会でのがん哲学外来メディカル・カフェの開催を考えるようになり、私はその年のクリスマスから「お茶の水メディカル・カフェ in OCC」に参加するようになりました。そしてがん哲学外来の提唱者である樋野興夫先生から、タイムリーな「がん哲学」の講演をお聞きしました。お話を聞くたびに自らの生き方が問われ、心が揺さぶられ、心を新たにして帰路につくことが続きました。司会の榊原寛先生もユーモアと温かさに満ちたお話をされ、牧師ならではの参加者への気遣いを拝見するたびに慰められたものです。

ある日、樋野先生に遺族である妻について話したところ、「奥さんと話をしてあげるよ。今から奥さんを呼んだらいいじゃないか」と、「偉大なるお節介」により手を差し伸べてくださいました。さっそく妻に電話をして呼び寄せ、個人面談が始まりました。その中で樋野先生から、「がん哲学外来メディカル・カフェをやったらいいじゃない」とのお勧めの言葉をいただき、「速効性と英断」によりカフェ開催を決断したのです。

こうしてお茶の水メディカル・カフェと、近隣で開かれているがん哲学外来・カフェに参加しながらカフェ開催のための学びを重ねましたが、医療従事者でもなければ、サバイバーでも患者家族でもない私が開催していいものかとのためらいがなくなりませんでした。果たして、がん患者さんに関わるという厳粛な責任を担えるだろうか、と。

しかしある日のカフェでの対話でこんな体験をしました。私は開拓伝道を一〇年以上してきましたが「教会に通い始めた人がいても、来なくなってしまう」「何をしても人が増えない」など、自分の力ではどうしようもない課題にたくさん直面してきました。その悩みをテーブルで分かち合ったところ、同席していたサバイバーや遺族の方々が共感してくださったのです。

この経験でわかったことは、自分の力ではどうにもならないことに悩み取り組み、人として誠実に生きようとしているなら、がん患者を始めカフェの参加者との共感が生まれるということ、そしてその姿勢を忘れなければカフェを開催できるということでした。また、樋野先生の「いらないことをしゃべるよりは、チャウチャウ犬のように黙って人の話を聞いている方がいい」との言葉も支えになりました。

毎回、祈りに支えられて

こうして二〇一四年四月から公民館を会場に活動を始めました。私が牧師をつとめる教会に会堂が与えられてからは、教会を会場に毎月一回開いています。開設当初は他のカフェから協力者が与えられましたが、現在ではレギュラー参加者の方々が闘病経験を生かして参加者に寄り添ってくださいます。さりげなく気にかけてくださる樋野先生にも感謝しています。

カフェでは対話の時間に加えて、閉会前に樋野先生の著作を読む時間も時々設けています。また県内外を始め他のカフェと一緒にイベントを企画して助け合ってもいます。通常は一〇名以下の集会で、一つのテーブルだけでの開催がほとんどですが、毎月行うことに意義があると思っています。というのは、さまざまな事情で来られないとしても、ここでカフェが毎月開かれていて、都合がつけばいつでも参加できるということがみなさんの心の支えだからです。たとえ小さな集まりでも、カフェを楽しみにして来てくださる方がいらっしゃいます。唯一無二の存在であることに使命感を覚えて、これからも心を尽くして続けていきたいと思っています。

　毎回のカフェが近づくたびに、「参加者ががっかりしてしまわないだろうか」と気がかりになりますが、文字どおりひざまずいて祈って、神さまにお委ねします。そうすると人数の多少にかかわらず、必ず実りある時を過ごすことができるのは不思議なことです。来るたびに明るくなっていく方、来たときと風貌が変わって帰る方を見ると、「今日も開催できてよかった。無事守られた」とほっとします。

（新座志木がん哲学外来・カフェ代表）

言葉の処方箋

共感をもって寄り添う　新渡戸稲造は札幌農学校の教授時代に貧しい家庭の子どもたちのために「遠友夜学校」を開設しました。その基本姿勢が、「生活環境や言葉が違っても心が通えば友達であり、心の通じ合う人と出会うことが人間の一番の楽しみである」でした。このことはカフェにも通じます。あなたの身近に苦しむ人がいたら、余計な言葉をかけることよりもまず、共感の心をもって寄り添ってみてはいかがでしょうか。岸尾さんの姿勢に、その言葉を思い出しました。

（樋野）

がん哲学外来メディカルカフェ@川越 to be café

カフェで前に進むヒントをもらう

小玉《こだま》まゆみ

二〇一二年二月ごろ、左胸の痛みに気づいて恐る恐る手で触れてみると、小さいけれど硬いしこりがありました。もしかしたらという思いが頭をよぎりましたが、大丈夫だと何の根拠もなく自分に言い聞かせて放置してしまいました。けれど痛みは消えるどころか時には差し込むような鋭い痛みとなり、いつもとは違うと直感しました。

病院を受診したのは痛み、しこりに気づいてから四か月後の六月、五十歳の誕生日の目前でした。嫌な予感は的中し、乳がんと告げられました。がんはどこか他人事と、これまで生きてきた私は医師の言葉に涙がぼろぼろとこぼれ、自分は死んでしまうのかもしれないという恐怖と不安で、その時のことをほとんど覚えていません。

手術後の抗がん剤の治療がつらくて、がんと向き合えず心や体の置き所をなくしました。なぜ自分ががんになってしまったのか、もう以前の自分には戻れない、治らないかもしれないのにつらいだけの治療から逃げ出したい、この苦しみはいつまで続くのか。心も体も壊れてしまいそうな毎日でした。

それでも何とか治療が終わり、数か月たったころでした。夕方、ふとつけたテレビニュースの特集が目に飛び込んできました。「がん哲学外来」。見たことも聞いたこともないタイトルに全身がくぎ付けになりました。画面に映し出されていたのは、「言葉の処方箋」と共にがん患者さんの元へ出向く樋野先生のお姿でした。樋野興夫先生に会いに行くしかない、面談をしてもらって「言葉の処方箋」をもらうことができたら、今の自分から解放されるのでは……。希望が持てた瞬間でした。その後、私の住んでいる埼玉県にがん哲学外来メディカルカフェとして"to be café"（トゥービーカフェ）がオープンすることを知り、面談の予約を取りました。

待ちに待ったto be café第一回。樋野先生の講演、お茶を飲みながらの分かち合いと和やかな時間が流れ、いよいよ面談です。私は自分の気持ちを樋野先生にお話ししました。再発、転移の不安。病気のことが頭を離れず心配で心配で仕方がなくて自分の心も体もコントロールできないでいること。

樋野先生からの言葉の処方箋は「一日二四時間あるうち自分のことを考えたり心配するのは一時間でよいよ。自分より困っている人を探しに行きなさい。カフェのスタッフをしてみたらいいじゃない」というものでした。私は早速、帰り際にスタッフになりたいと申し出ました。カフェ主宰者である川越の霞ヶ関キリスト教会牧師の佐野泰道さんは、快く受け入れてくださいました。

自分を取り戻す

カフェに参加される方はがん患者本人、ご家族、ご遺族、医療従事者、友人と立場はさまざまです。がんを患ったことにより、周りとの対人関係に悩んでいる方が多いことにも驚きました。にもかかわらず、一生懸命に生きている皆様の姿に毎回、励まされています。カフェは、どんな境遇であっても誰でも気軽に立ち寄れ、一人では抱えきれない困難を少しずつ下ろしてくれて、前に進むヒントを自分で見いださせる場であると感じます。私はがんと告げられて勝手に全てを諦め、闘病中は四六時中、自分の辛いという思いに集中してしまい、周りへの思いやりも持てずにいました。樋野先生、がん哲学外来、カフェの皆様との出会いを通して、重い荷物を背負いながら周りの人たちと生きていく生き方があると知り、少しずつ自分を取り戻しています。

患者さんの中には、カフェにつながるのに時間がかかる方もいらっしゃいます。病気や医師に失望している方、「がん」という言葉を見るのも聞くのも嫌になられる方、カフェに来られなくなってしまう方もおられます。カフェの佐野さんはこうおっしゃいます。「待つのに待ち方があります。何もしないけれど心を寄せていると、ふとメールしてみようとか、電話してみようと思う時が来る。その時は速効性と英断ですね」。引き続きカフェの皆様と心を寄せて、その時を待ちます。

to be café は教会を会場に行われます。ですから教会＝宗教と結びつけてしまい抵抗を感じる方もいると思います。私自身は無宗教です。to be café では牧師であっても「先生」ではなく「さん」付けで呼んだり、讃美歌ではなく、季節の歌やアイドルの歌も歌います。宗教のお話もしません。人は苦しい時、何かにすがりたい気持ちになることがあります。そういう気持ちに応えつつ、宗教の有無に関係なくどなたでも安心して足を運んでいただける場所、それが私の大好きな to be café です。身動きできないでいる私を諦めることなく待っていてくれる人たち、どんな時も自分と同じ歩幅で歩いてくれる人たちが、ここにはいます。

樋野先生がよくお話しされています。「がん哲学外来とは出会いによる気づきと訓練の場である」と。身をもって実感しています。たくさんのご縁（出会い）に恵まれて私は弱い自分を背負いながら、一日一日大切に、いい覚悟を持って生きています。

（がん哲学外来メディカルカフェ＠川越 to be café スタッフ）

言葉の処方箋

自分を放っておく　私たちは、誰しも自分のことを考えずにはいられません。ただ、自分のことを考える時間を減らすことはできます。これまで四六時中自分のことを考えていた人でも、その半分でも三分の一でもいいから他者に関心を向けてみる。小玉さんはがんの告知を受けた瞬間、頭の中はがんのことでいっぱいになりましたが、カフェのスタッフとなることで他者に目を向けることができました。自分を放っておくことで問題が解消することもあるのです。

（樋野）

春日部がん哲学外来&メディカルカフェ、野田がん哲学外来&メディカルカフェ

高野《たかの》みどり

医療従事者として家族として

私はマンガ「クレヨンしんちゃん」でおなじみの埼玉県春日部市にある教会の教会員です。既刊の『がん哲学外来で処方箋を　カフェと出会った二四人』（日本キリスト教団出版局）に掲載された高野圀昭《くにあき》牧師の妻です。さらに、当時中学生であった息子は小児がんで、三年間の闘病生活を共に闘った母親でもあります。

対等の立場で語り合う外来

私のがん哲学外来との関わりは、職場（上武大学看護学部看護学科）に掲示された一枚のチラシを手にしたことから始まりました。そこに案内されていた国立病院機構沼田病院の「内村鑑三記念メディカルカフェ・沼田がん哲学外来」に二〇一二年一〇月、出席しました。患者とその家族が医療従事者の一言で大きく傷つくことが多く、立場の弱い患者は何も言えずに我慢をしている現実があ

ることに、私は日ごろから心を痛めていました。もちろん反対に、医療従事者からの一言で元気をもらったと感謝されることも多くあります。医療従事者の一人として、患者とその家族の皆さんが安心して治療に専念し、尊厳を持って生きていくことができるようにサポートをしたいと考えていました。そのようなときに、「がん哲学」の提唱者である樋野興夫先生の講演会に出会ったのです。

講演の中で、樋野先生はこう言われました。がん哲学とは、科学としての「がん学」を学びながら「哲学」的な考え方を取り入れていく方法であること。「医師と患者が対等の立場でがんについて語り合う場」であること。さらに「がん哲学外来」のモットーが「暇げな風貌」と「偉大なるお節介」であること。私にとって、どの言葉も初めて耳にするものでした。「医師と患者との対等の立場」を実践したいと思う医師は多くいても、実際には難しいのが現状です。それを実現してくれたのが、樋野先生の「がん哲学外来」での「対話」です。とは言っても、忙しい医師が一人の患者や家族のために三〇分から一時間を、しかも無料で話を聴いてくださることに、半信半疑でした。

そこで、夫ががんを抱えていたこともあり、夫が治療中の病院である千葉県柏市の国立がんセンター東病院で行われた「柏がん哲学外来」（がん患者・家族総合支援センター）に予約しました。そして樋野先生に面談で三〇分ほど話を聴いていただきました。夫が牧会中の教会でメディカルカフェを開催したい旨を伝えると快く承知してくださり、二〇一三年四月に第一回目の「春日部・メディカルカフェ in 南桜井キリスト教会」を開催しました（後に、春日部がん哲学外来＆メディカルカフェに名称変更)。「速効性と英断」をもってのスタートでした。

待ったなしに応え続ける

開始以来、月一回の定例会を続けています。月一回にこだわっているのは、がんの患者や家族に起こることは、たとえがんの種類は同じであっても一人一人異なるからです。待ったなしの状況もあります。このことを念頭に、会の運営にあたっています。

定例会では、「手のひらを太陽に」を皆さんで合唱し、この会が、がん哲学外来の趣旨から逸脱しないために「がん哲学外来カフェの心得」(本書28頁参照)を唱和します。続いて、メンバーの近況報告、樋野先生のご登壇に代え、ラジオ放送『日曜患者学校』や、先生の著書『がん哲学』などを用いて、がん哲学について学びます。その後、スタッフの手作りお菓子が振る舞われます。ここからは語らいの時です。現在は、全体での交わりの形をとっています。核になるメンバーも育ってきましたので、今後は三~四人のグループでの形式も考えています。

六年を経過する中で、着実に問い合わせ件数が増えています。「母ががんを発症したが、遠方でなかなか行けない。不安の中にある母をメディカルカフェに参加させたいが、どうしたらよいか」などの相談の電話が入ることもあります。

積極的に参加し病状が安定していたK氏は、何よりこの定例会を楽しみにしていました。しかし、転移がわかり身体の苦痛が増してきました。定例会に来られなくなったK氏は「仲間に会いたい」と電話越しに声を詰まらせ、涙していました。愛する仲間の苦痛が和らぐことを祈らずにはいられませんでした。二〇一八年六月に召天した夫も、直腸がんの合併症と心不全のために苦しみましたが、み言葉の約束「主の山の上には備えがある」（創世記22・14、新改訳）を信じていました。そして、賛美歌を口ずさみ、心に残る出来事や言葉、感激した思いを反すうして鼻歌交じりの気分に浸って「ひとりでできる『こころの宴会』」（樋野先生の言葉）を楽しんでいました。

がんサバイバーの方々が多くなり、待ったなしの状況にある方が、がん哲学外来の門をたたかれることも少なくありません。このことを考えると、これからも月一回の定例会を大切にしたいと考えています。

（春日部がん哲学外来&メディカルカフェ、野田がん哲学外来&メディカルカフェ 代表）

言葉の処方箋

がん医療の「すき間」を埋める

外来の「三分診療」は有名ですが、私が駆け出しのころは、「どんなに忙しくてもペンを置いて患者さんの顔を見て話を聞きなさい」と厳しく教育されました。本来、医療は患者さんの話にじっくり耳を傾けることが前提にあります。今のがん医療に足りないのは、患者さんが自分のがんについて安心して話せる場です。メディカル・カフェがその「場」となり、高野さんのようにがん医療の「すき間」を埋めていく人材が出てきてくれることが私の夢です。（樋野）

がん哲学外来 メディカル・カフェ in 菊名

教会が門戸を開く大切さに気づく

吉川《よしかわ》健一《けんいち》

私が樋野興夫先生に初めて「お目にかかった」のは二〇一四年秋、日曜日深夜に放送されたドキュメンタリー番組でした。タイトルに「がん哲学外来」という言葉があり、「がんと哲学？　この二つが一緒になるの？」と訝《いぶか》しんだ一方、その響きが何とも新鮮に感じられました。

冒頭から、印象的なシーンが映りました。がん哲学外来の提唱者である樋野先生が、暇げな表情で、がんの患者さんとご家族に診察室で向き合う姿です。しかも樋野先生は白衣ではなく背広姿、患者さんの前にはコーヒーと小さなお菓子が用意されていて、普通の診察室の雰囲気とはまったく異なります。私は、「何だ、これは！」と心底びっくりしました。

この診察室にはパソコンもカルテもなし、処方するのは薬ではなく、樋野先生の「言葉」です。患者さんの言葉とつながりながら患者さんの心を癒やし、希望をもたらす「言葉の処方箋」の数々に、私は深い感銘を受けたのです。早速先生が理事長を務めるがん哲学外来のホームページを探すと、東京・新宿の淀橋教会で開かれている「メディカル・カフェ」で先生が講師をされていることを知りました。淀橋教会に連絡をし、先生とお会いできることになりました。

編集者根性を覆されて

正直に告白しなければなりません。私はそのころ、三十数年にわたって勤務した出版社を退社し、フリーの編集者として活動していました。番組を見て、「この先生は、『本』になる」という編集者根性が先にあったのです。

先生に自己紹介した際、私が日本長老教会菊名西教会員であることを申し上げたところ、「教会が医療に門戸を開くのは、とても大切なことですよ」と穏やかな口調で話されます。さらに、「全国の教会がメディカル・カフェを開催されるようになったら、すばらしいですね」とも。胸にストンと落ちる言葉でした。「原稿がほしい」という編集者根性より、もっと大切なものがあることに気づかされたからです。

いささか不純な動機で樋野先生と面会したわけですが、お話を聞いた以上、もう目をそむけることはできません。面会内容を教会の平林知河《ともか》牧師や信徒の方々に報告し、賛同してくれた数人の信徒と共に、教会運営の責任を負う長老会議にメディカル・カフェ開催の提案をしました。

明るい光が射し込むように

私は編集者という仕事の繁忙を言い訳に主日礼拝に出席するくらいで、そのほかの教会活動には極めて不熱心な教会員でした。それでも今回のメディカル・カフェだけは、ぜひ実現したいという思いが募っていました。熱しやすく冷めやすい性格から、「瞬間湯沸かし器」などと揶揄《やゆ》されることも多い私でしたが、牧師をはじめとする教会の皆は、この湯沸かし器が言い出した企画をとても大切に扱ってくれました。

教会員やご家族、友人にがんの患者さんが多数いることも、メディカル・カフェ開催への大きな原動力になりました。地域に開かれた教会にするための小さなきっかけになるかもしれない、という期待もあったと思います。しかし、そのような「教会の都合」よりも、教会全体として、がん患者さんに少しでも奉仕したいと思う気持ちのほうが強かったことは、間違いありません。

しばらくすると、教会全体が開催に向けて力を結集するようになったのです。「いざとなれば、神さまがお力を貸してくれる」という確信、「社会奉仕であって、教会伝道活動にはしない」という真摯《しんし》な思いも重なり合って、準備は着々と整い始めました。

二〇一五年五月、メディカル・カフェ当日。教会員のほかに約二〇名の方々が教会を訪れてくれました。樋野先生のファンの方が多かったものの、地域の方も七〜八人出席してくれたことは、メディカル・カフェのスタッフとして本当に大きな喜びでした。

時々、カフェの出席者たちの笑い声が聞こえてきます。相手のことを自分のことのように心配し、お互いに共感する言葉が交わされます。病気のこと、家族のこと、これからの生き方のことなど、話題は尽きないようでした。がんは当人にとって、極めて深刻な問題です。しかし、「病気になっても病人にはならない」生き方を求めると、このような軽やかで自由な境涯を授かるということなのでしょう。穏やかな土曜日の午後のことです。その光景の端っこにいながら、私の心に明るい光のようなものが射し込んできたことを、今でもはっきりと覚えています。

奉仕するという私の態度が、とんでもない思い上がりであることも思い知らされました。出席した皆さんから、私は大きな喜びを授かったからです。

（がん哲学外来　メディカル・カフェ in 菊名　スタッフ）

言葉の処方箋

人のために時間を使う　吉川さんの下心から、『「今日」という日の花を摘む』という本ができあがりました。そこに書かれていることですが、患者さんにとっては、「この人は私のために時間を使ってくれている」ということが喜びとなります。吉川さんは編集者として忙しい毎日を過ごされていましたが、カフェとの出会いから痛みや悲しみを持つ人に寄り添い、共に時間を過ごすことの大切さに気づきました。寄り添うことの大切さを知るためにカフェが機能したらうれしく思います。（樋野）

町田がん哲学外来カフェ

聖書や祈りはなくても証しはある

山尾《やまお》研一《けんいち》

私たちのカフェは、二〇一五年一月、私が牧師を務める単立町田聖書キリスト教会の一部施設を借りて始まりました。現在も、毎月第四金曜日の午後二時から二時間、一二名前後が集っています。

前年の一一月、教会の特別集会の講師として樋野先生をお招きしました。その日は日曜日で、礼拝の中でクリスチャンの樋野先生に奨励をお願いしました。その時の題が「人生いばらの道、にもかかわらず宴会」で、聖書箇所は箴言15章15節でした。新共同訳では、「貧しい人の一生は災いが多いが、心が朗らかなら、常に宴会にひとしい」、新改訳２０１７では、「悩み苦しむ者の毎日は悪いことのみ。心に楽しみのある人には毎日が祝宴」とあります。出雲なまりの、独特の語り口。先生の口から出る「言葉の処方箋」の数々に、会衆はすっかり魅了されました。

午後の講演会では、「がん哲学への道」のお話が、スライドと共に語られました。講演後、その場に残った約二〇名で、当初の予定にはない、樋野先生を囲んでの即席「カフェ」が始まり、先生も、快く参加してくださいました。最初はシーンと静まりかえっていた場も、先生への質問などから次第に和み、対話が生まれてきたのです。そして最後には、「町田でもがんカフェを始めたらいい！」と、先生からチャレンジを受けました。

がん哲学外来カフェの心得の一つに、「速効性と英断」があります。いいと思ったら、すぐ行動する。もし教会としてカフェをするなら、役員会での承認が必要です。とっさに、「教会は場所を提供するだけで、この会の運営は広く世話人を募り行う」ことを提案し、一同が賛同してくださいました。こうして、町田で最初のがんカフェが誕生しました。感謝なことに、その日の参加者の中からスタッフが数名与えられ、教会関係者も含めて五名前後の世話人を中心に、今に至るまで会が続けられています。

「マイ・ストーリー」を気兼ねなく

カフェでは、参加者が互いに「さん」付けで呼び合います。牧師も例外ではありません。各自が対等な立場で参加するためです。その場で話した内容は、他言しないのはもちろんのこと。誰もが安心して個人的な悩みや不安な思いを分かち合うことができるように、そして一人の人が会話を独占しないように、気を配っているつもりです。参加者の半数以上が、なんらかのがんを経験したサバイバーです。愛する家族が闘病中という方もおられます。

参加者の一人、中村早千子さん（八十代）は、カフェの元気な常連さんです。中村さんは、三十代で信仰に導かれ、しばらく教会に通っていましたが、諸事情で離れました。五十歳のとき、大腸がんが見つかり余命三か月の宣告を受けました。そのとき、二人のお子さんはまだ二十歳前後でした。大学病院で手術を受け、助かったと思った矢先、二年後には今度は胃がんが見つかり再度手術。その後、お連れ合いを肺がんで亡くされました。つらい闘病生活の中、体重が三八キロまで激減したときもありました。

そんな折、お孫さんを授かり、生きる希望が与えられたのです。そして、娘さんが通い始めた近所のこの教会に、一年ほど前から数十年振りで礼拝に出席し、がんカフェにも参加するようになり、教会での新しい信仰生活へと導かれました。カフェでの中村さんは、ご自身の闘病生活などのつらい体験を、メンバーと分かち合われ、いつも「今が一番幸せだ」と、満面の笑みで、良き証しをしてくださっています。

遠藤和子さん（六十代）は、四十四歳の時、子宮体がんを発症されました。見つかったときは、すでにステージ四という深刻な状態でしたが、お連れ合いが懇意にしていた東大病院の医師の手術で一命を取り留めます。再発こそありませんでしたが、術後の後遺症などから厳しい闘病生活が始まりました。しばらくして同じ闘病仲間に誘われ、教会の初心者の学びへと参加するようになり、がんカフェが始まると、スタッフの一人となって会を助けてくださいました。

昨年に入って、体調を崩され、入退院を繰り返す中、お連れ合いやお姉さん立ち合いの元、病床洗礼を受けられました。その後しばらくして、天国へと凱旋されました。葬儀は教会で執り行われ、納骨式や一周年記念会にも、司式者として私も参列させていただきました。お連れ合いは、その後、定期的に教会に顔を出しておられます。似たような状況の方々が、次々と起こされているのです。

カフェでは、聖書も讃美歌も祈りもしません。それでも、信徒の参加者にとっては、普段の教会の交わりの中ではなかなかできない良き証しの場、未信者の参加者にとっては、「主は与え、主は取られる」唯一のお方を知る場となっています。いのちと死について、がんサバイバーだからこそ、語ることのできる「マイ・ストーリー」を、気兼ねなく、自由に語り合える「場」。今でも教会は、空いている場所を提供し、背後で祈り支援するだけでいいのだと感じています。

（町田がん哲学外来カフェ　代表）

言葉の処方箋

「では聖書を開きましょう」ではなく

私の「がん哲学外来」の個人面談には、よくクリスチャンの方が相談に来ます。「教会で相談していますか」と聞くと、答えはほとんどゼロ。相談する雰囲気ではない、というのです。聞いてほしくて教会に行くのに、最初から、「では聖書を開きましょう」「祈りましょう」では心を開けません。対話には「受け身」が必要です。山尾さんがなさったように、教会はまず聞くことです。教会が、悩みを抱えた人に寄り添う場所になれば、と思います。（樋野）

がん哲学外来＠川越　のぞみカフェ

患者には時間がない　今こそカフェを！

岡《おか》　澄子《すみこ》

私は埼玉県にある日本ホーリネス教団・川越のぞみ教会の教会員です。肺がんで母を失って三〇年の歳月がたちます。実家が遠かったこともあり、看病もほとんどできないまま母は逝ってしまい、葬儀で泣き崩れるというありさまでした。また、夫の両親の介護にも携われず、みとることのできなかったことをむなしく感じていました。

パートの仕事が一段落したとき、元気で働けるうちに少しでもお年寄りのお世話がしたいという思いが沸き上がり、五十七歳のときに介護の資格を取りました。七年間ホームヘルパーとして個性豊かな何人ものお年寄りと出会い、充実した時を送ることができました。その後は「練馬区高齢者見守り訪問事業」の訪問員のボランティアをしています。

二〇一一年一月、同じ教会に通う夫にがんが見つかり、二月に胃の全摘手術を受けました。経過は思わしくなく、抗がん剤治療も体力的に厳しい状態が続きました。そのころ、同じ胃がんで全摘手術後、抗がん剤治療を受けながら積極的に社会参加をされている同じ教会の高橋直美さんに勧められ、「お茶の水メディカル・カフェ in OCC」に夫婦で参加しました。

家族にもカフェの対話が必要

がん哲学外来の創設者で医師の樋野興夫先生は講演の中で、他者を大切にする心とは、正論をかざすのではなく、相手の気持ちに寄り添うことが第一であると説かれ、とても印象に残っています。続けて参加していた夫は、同じ苦しみを持つ人に出会い、体験談を聴いたり悩みを聴いてもらったりするうちに安心を得たようです。少しずつプラス思考になってきて自分なりの使命を見つけ、地域では認知症コーディネーターとして、教会では週一回「教会守り」として奉仕するようになりました。その後は入退院を繰り返し、三年足らずの闘病生活の末、天に召されました。

高橋さんはこの間いろいろと気遣ってくださり、お茶をご一緒し、気掛かりなことなど何でも打ち明けて、的確なアドバイスをくださいました。ほんのひとときであっても心の緊張がほぐれてどんなに慰められたかわかりません。家族にとってもカフェでの対話が必要であると痛感しました。

この高橋さんのがんとの闘いが大きな推進力となり、教会に「がん患者には時間がない」という切実な使命感が与えられ、二〇一五年六月から毎月一回の「のぞみカフェ」が始まりました。開催までの道のりは長く、主のみ旨を仰ぎながら懇談会を開いたり役員会で協議を重ねるなど、検討を続け、やっとこぎ着けた感じでした。けれど、そのときが神さまの時だったのでしょうか、待ちかねていたように毎回大勢の方が来られています。

共感しながら寄り添っていく

のぞみカフェはまずスタッフが午前の祈祷会でこの集いが祝されるよう祈ります。午後から準備開始。送迎・受付・会場・茶菓などの担当があり、私は会場に三、四か所季節の生花を飾る係です。五、六人のグループに分かれて各テーブルにスタッフが入り、「四季の歌」や「御手の中で」などを皆で歌い、会が始まります。続いて樋野先生の著書『いい覚悟で生きる』の一章を朗読した後、自己紹介や感想などお茶をいただきながら自由な話し合いの時を持ちます。スタッフはグループの全員が話せるように配慮します。最後に一言感想があり、歌を一曲歌って牧師のお祈りで閉会します。

語らいの場では、悲喜こもごもの率直なお話に引き寄せられ、いつしか共に泣き共に笑っていて、皆の思いが一つになっていくのを感じます。教会のすぐ近くに埼玉医大医療センターがあり、患者や看護関係者、また毎回新しい参加者があります。

二〇一六年六月には樋野先生をお招きして開設一周年の記念講演会を行いました。参加者は六〇名。カフェがこの地域に今、求められていることがわかり、神さまの祝福を心から感謝しました。また厳しい抗がん剤の治療を受けつつ、のぞみカフェに最初からスタッフとして加わっておられた方が、その年の五月に洗礼を受けられ、主の御臨在を確信しました。

「神のなさることは、すべて時にかなって美しい」（伝道者の書3・11、新改訳）

のぞみカフェ開設から、はや四年の歳月がたちました。カフェにはその後も新来会者の方が途絶えず、毎回グループでの話し合いでは真剣なとても充実したひとときを共有させていただいています。また特別なプログラムとして、音楽のプレゼントが与えられ、独唱やデュエット、ギターバンド、お琴の雅びな演奏、時にはめずらしい鼻笛もありました。皆で歌う曲も季節感溢れる歌や、少し難しい楽曲に挑戦したり、全員がひとつに溶け合うことで絆を深めています。

（がん哲学外来＠川越　のぞみカフェ　スタッフ）

言葉の処方箋

正論よりも、寄り添う心

岡さんは夫のがんを通して、語らいの場の大切さや、何でも打ち明けられる人とのほんのひとときに心が解放されることを知りました。このことが現在のカフェでの働きにつながっているのだと思います。必要なのは正論や大げさな支援ではありません。支えようと思うと、支える側にも支えられる側にも心身共に負担がかかります。しかし寄り添うのなら、相手も自分も静かな幸福感に満たされます。その寄り添う姿勢がカフェには求められています。

（樋野）

福祉施設内のカフェは地域のリビング

奥山《おくやま》　寧《やすし》

二〇一四年の秋、教会の友人が突然膵臓がんであると知らされました。専門学校の教師として管理者として日々忙しい毎日を過ごしていた彼。たまに会うその顔はいつも温厚な彼のそれでしたが、やはり疲れは隠せない様子でした。年が明け、抗がん剤治療によって今までの彼とは違う様子を見た時、正直に言ってこれからどう彼と接すればよいのか、どんな話を、どんな顔をすればよいのかわからなくなってしまいました。ご家族はもちろん、「これまでどおり普通に」と願っておられましたが。

そんな折、私自身三月に転職し、現在の東中野キングス・ガーデンに勤務することになりました。東中野キングス・ガーデンは、ご高齢の方の認知症グループホーム、在宅での介護をサポートする小規模多機能型居宅介護、そして地域のリビング・井戸端としてどなたでも利用できるキングスカフェの三つの事業を行っています。キングスカフェは、一人で悩んでいる地域の方の居場所になればと開設しました。現在、認知症の方々のためのオレンジカフェと共に、活動の中心となっています。また、ここでは週に一回、近隣教会の牧師に来ていただき「心の時間」という三〇分ほどのミニ礼拝を持っています。入居者をはじめ近隣の方、どなたでも参加できるオープンな会です。この教会のネットワークを通じて必要な方にはいつでも近隣の教会を紹介することができます。

相談に行った自分がスタッフに

そこで出会った同僚の看護師が、がん哲学外来ナース部会という全国組織のメンバーでした。何か摂理的な導きを感じ、もし彼がそのことをよしとするならキングスカフェでがん哲学外来を開催して、樋野先生の面談を受けてもらったらどうか、と直感的に思いました。私は同僚看護師の紹介で「お茶の水メディカル・カフェ in OCC」に参加し、まず樋野先生に知人友人としての接し方について相談しました。先生はいとも簡単に暇げな風貌そのままに「(ここに) 連れてくればいいじゃない」と。しかし、残念ながら彼を先生のもとにお連れすることはかないませんでした。脳梗塞を発症し一度退院したものの再度発症、そのままあっという間に逝ってしまいました。

彼の先生との面談はかないませんでしたが、このことを通じて「がん哲学外来 東中野メディカル・カフェ」が二〇一五年の四月に発足することになりました。当日は六〇名余りの方々が参加してくださいました。これほどの会合を主宰するのは初めてでしたし、講演、グループワーク、樋野先生の面談、分かち合い、エンディングと何をどうやったのか、私自身はっきり覚えていません。しかし、そこにはナース部会のお一人ひとり、参加者として来てくださっていながらスタッフと同様の動きをしてくださるたくさんの方の助けがありました。ちょっと先に御国でイエスさまのもとで安んじているであろう彼と、そして何よりも主に支えられていたと思わされました。

後で耳にしたことですが、樋野先生いわく「困ってカフェに来たのに、次には自分がカフェを始めてしまうんだよ」とのこと。参加者にとどまらずスタッフへ、いつの間にか自分の役割に導かれてしまうがん哲学外来の持つ魅力、「いい覚悟」に触れた瞬間でした。

現在、月一回土曜日の午後にメディカル・カフェを定例開催しています。「みことばカード」ならぬ「言葉の処方箋カード」と樋野先生の著書を準備し、がん哲学外来のホームページ掲載の情報をボードに貼り付け、近隣で開催されるカフェのチラシ（特に樋野先生の面談情報のあるもの）を用意し、参加者の来会をお待ちします。それと名物（?）「スイーツブュッフェ」も。これはキングス・ガーデンに食材を納入してくださっている業者さんが、カフェの趣旨に賛同して、無償で提供してくださるものです。和みの空間づくりに貢献してくださり、毎回とても感謝しています。

カフェでは、初めて来られた方が口を開こうとする時、周りの方々の心が身を乗り出すのを感じます。その方の想いに真摯《しんし》に聴こうとする心遣いです。そして、その想いが互いの心の内に入ってくる時、さまざまな気づきが与えられ、その気づきの想いが、さらに暖かくそのテーブルを覆っていきます。隣人の話を一生懸命に聴こうとする皆の姿は、ご自分を富ませるためでなく、隣人のために来てくださったイエス・キリストの姿を彷彿とさせます。

心を開いた語り合いを通して、今あるありのままを受け入れることで、苦しいこととも和解でき、苦しみを解決はできなくても解消できるのかもしれません。病気であっても病人ではないすてきな方々の生きる姿に教えられ、「がんにならなかったらこのような経験はできなかった」と語る参加者の言葉に励まされてきました。

私自身まだまだ修養が足りないので、カフェ開催はとっても疲れます。しかし、この疲れは実に心地よいのです。まだまだ道半ばですが、このカフェの醍醐味をこれからもさまざまな方々と共に味わい尽くしたい、と思わされています。

（がん哲学外来　東中野メディカル・カフェ代表）

言葉の処方箋

人は人によって慰められる　奥山さんが感じられた「正直に言ってこれからどう彼と接すればよいのかわからなくなった」という気持ちは、多くの方が経験されていると思います。何と言葉を掛けていいかわからない、不用意な言葉で傷つけてしまったらどうしよう。基本に愛があれば多くの言葉を必要としません。言葉を交わす会話ではなく、心を交わす対話を大切にしましょう。カフェは参加された方の言葉を聴き、対話をする場所です。それが実践されていることをうれしく思います。（樋野）

メディカル・ホーム・カフェin百舌鳥、メディカル・カフェin帝塚山

帰るべき場所があると知ってもらいたい

若生《わこう》礼子《れいこ》

二〇一五年一一月から大阪の南、堺にある自宅と、所属する日本長老教会大阪キリスト教会の二か所で、私たちのメディカル・カフェは毎月開かれております。

実は、私自身が「患者」です。二〇一四年九月に、誤嚥《ごえん》からの咳き込みと滑舌の悪さが気になり、たまたまＭＲＩが空いていた近くの病院で検査をしましたところ、ゆで卵大の脳腫瘍が見つかり、数日のうちに摘出手術を受けました。その後、呼吸器科の病院に入院して全身の検査をした結果、肺からの転移で脳にあと五〇個の腫瘍があるとのことでした。医師に「正常な細胞はそれよりはるかにたくさんあります。ステージは四、末期です。でも、持病を持ったと思って長生きしましょう」と言われました。

正常な細胞へのダメージを避けたいとの担当医の方針で、まず非小細胞がんにだけ取り付く分子標的製剤で脳腫瘍を半減させ、その後、ガンマナイフで照射という治療を受けました。今は在宅で生活し、教会での奏楽やお食事の用意などご奉仕の頻度は減りましたが、教会生活も続けております。

仲間同士の語らいが不可欠

一二日間の検査入院の際、ステージ四の宣告から五年、七年を迎えておられる先輩患者さんと同室になり、治療や副作用への対応など教えていただき、優しく親身に接していただきました。末期と言われてからも長く生かされる時代を迎え、病気を抱えての精神的、肉体的な新たな状況と向き合いながら、一方では「病人」ではないような生活をするには、仲間同士の声掛けの機会が不可欠なのでは、と考え始めていました。

そんな二〇一五年春に、次女の教会で、がん哲学外来創設者で医師の樋野興夫先生をお迎えしてのメディカル・カフェが行われ、婿殿から先生の『いい覚悟で生きる』の本をプレゼントされました。

その年の秋、たまたま知った徳島県鳴門の教会でのがん哲学外来の集会に参加させていただき、先生と直接お話をさせていただく機会を持てました。そこでがん哲学外来メディカル・カフェ開設を決意し、「先生はご多忙ですから、いらしてくださらなくても集会ができますように、テキストはみ言葉入りの『こころにみことばの処方箋』を使いますので」と申し上げ、すぐにカフェ開設認可の手続きを取っていただきました。

がん哲学外来のホームページと関西支部のニュースレターに掲載されるだけで、特にご案内は出していませんでしたが、神さまの不思議なお導きで、数名の方が集い、ほぼ定着しています。その中には未信者の方もおられますが、聖書のお話にも静かに耳を傾けてくださいます。

がん哲学外来の源流に聖書が

初めての方には、「樋野先生の数々の処方箋のきっかけは、南原繁、新渡戸稲造、内村鑑三、矢内原忠雄などで、その源流には聖書の教えがありますので、その原点の御言葉が記されているご本をテキストにさせていただきます」とお断りして始めます。

テキストには、それぞれのテーマにふさわしくランダムに聖句が掲げられています。しかし、それでは未信者の方にはわかりにくいと考え、他の書籍を教材に時代背景や主人公の境遇などの解説をし、地図や年表も駆使しつつ、聖書の理解を深めていただけるように努めています。それをとおして、聖書の神さまは架空の存在ではなく、歴史の中で人類と共に歩まれ、歴史を作られた方であると知っていただきたいと思います。

また、私たちを胎内にいるうちから造られ、計画をもってこの世に送り出され、再びその方の元に戻れるように、ひとり子を贖い主として遣わしてくださったという真理に出会い、ご自分のものとしていただければと願っています。帰るべき場所があり、そこで待っていてくださるお方が、人生にどのように関わり愛し尽くしてくださっているかを知ることができれば、どのような状況にあっても、人は常に平安と感謝で満たされた人生になるのではないでしょうか。

カフェの主宰者として、スケジュール帳には、カフェの方々の通院などの予定も記帳し、毎日のお祈りに覚えさせていただいています。それが、わがホーム・カフェのひそかな特典です。

生命の鍵は神さまがお持ちですが、神さまが備えてくださった医師、看護師、検査技師他、多くの医療スタッフの熱心と使命感、多くの兄姉のあついお執り成しで、現在の体調にしていただいてのこの活動は、まさにその共同作業の実であり、恵みを受けた者からのささやかな御恩返しでもあるかと思っております。神さまが与えてくださった生命の限り、新たな一年も、神さまがどのような不思議に満ちた御業をお見せくださるか楽しみにしつつ、ただ示された道をまっすぐに。


（メディカル・ホーム・カフェ in 百舌鳥、メディカル・カフェ in 帝塚山 主宰）

言葉の処方箋

よい書よい友よい師と出会う　がん患者の役に立つ言葉の処方箋をお出しするとき、自分の言葉だけでは足りません。新渡戸稲造や内村鑑三など、先人の遺してくれた言葉が、自分の中でかみくだかれ、自分の言葉となって出てきます。聖書の言葉もそうです。私の支えであり、世界中でベストセラーになっている聖書の言葉から語ることがあります。聖書やよい書物、よき仲間よき師との出会いには、人生を大きく変える力があります。若生さんの働きはその助けになっていると思います。（樋野）

妻とメディカル・カフェ

若生《わこう》秋夫《あきお》

本書六二―六五頁に掲載されたのは二〇一六年に妻が書いた原稿ですが、それからしばらくして妻の最後は突然やってきました。

二〇一九年三月六日夕方、近くのスーパーに買い物に行き、帰宅後、「身体が冷えたからお風呂に入る」と仕事中の娘にメールを送って入浴。そこで意識を失くし、そのまま召されたのでした。二月にガンマナイフ治療を受けたあたりから記憶障害などが目立ち始めてはいましたが、まさかこんなに突然とは……。

妻は、主治医や周りの人からよく言われました。生活ぶりが「病人でないみたい」と。確かにステージ四の人が、主治医の許可があれば徳島、横浜、仙台そして白浜へも行くわけですから。その原動力の一つは、まぎれもなく毎月行ってきたメディカル・カフェでした。そこではがんを抱えている方々とのみことばの学びと、持ち寄りのおいしい菓子や飲み物をいただきながらの語らいがありました。特に自宅でのメディカル・カフェには一回四～一〇人ほどの出席があり、どれほど慰められ、励まされ、共に生きる力となったことか。メディカル・

カフェが終わると二、三日したら翌月のポスターを作って扉に張り出し、更にその季節に合った挿絵を入れたプログラムを作るとともに、次に取り上げる聖書箇所の勉強をする。それが毎月恒例の流れでした。

メディカル・カフェは自宅と教会の二か所で行いました。自宅でのメディカル・カフェは出席者には敷居が低く、集い易いようです。が、教会の方は、スタートしてしばらくは一〜三名ほど断続的に出席者がありましたが、後半はゼロの場合が多くありました。自宅に比べ敷居が高いと見られているからでしょうか。教会案内にメディカル・カフェ案内を載せて配布しますが、反応はいま一つ。むしろ教会前に掲示するポスターが有効のようです。

属する教会は小さい群れで、医師や看護師はおらず、平日動ける教会員も少ないので対応できる人数は限られていました。同様に小さい教会で、しかし世のために働きたいと願っている教会は少なくないと思います。このメディカル・カフェを可能なら医療関係者の協力をいただき、教会で行えるようにすることは、教会のディアコニア（愛の行いとして他の人に仕えること）の一つの働きとなるのではないでしょうか。

（二〇一九年三月まで大阪キリスト教会牧師、四月から香芝めぐみ教会代理牧師）

目白がん哲学外来カフェ

カフェは愛と希望を与えてくれる場所

森《もり》　尚《なお》子《こ》

数年前から、検診を毎年受けていました。二〇一四年の検診で、検査をした医師から「小さいが気になる」と言われ、細胞診を受けました。検査結果は乳がんでした。告知されたとき、ドーンと下に落ちていく感じになり、椅子のひじ掛けを慌ててつかんでいました。自宅に帰り、夫に伝えると「大丈夫、一緒にがんばろう」と涙ぐみながら励ましてくれました。息子は「お母さんは絶対大丈夫」と言ってくれましたが、その後私に敬語でぎこちなく話す姿に、息子の動揺を感じました。ともかく前向きに、がんを忘れるかのような生活を送りました。

スマホで「がん　助けて」と検索

手術と放射線治療を終え、抗女性ホルモンの内服が始まりましたが、その影響で一年たたないうちに子宮内膜の増殖が始まり、二〇一六年三月に手術をしました。ごく初期の子宮体がん〇期でした。術後の経過が悪く、四月になって、子どもの卒業・入学、その忙しさで忘れていたがんの恐怖で、どっと疲れが出ました。入学式を境に、もう自分がいなくても夫も子どもも大丈夫と思ったとき、私は心身ともに「病人」になりました。食べるのも面倒で三日で体重が五キロ減り、「このままではだめだ」と思ってもどうすることもできない、しんどい日々が続きました。

手術の痛みで椅子にも座れず、寝ながらスマホで「がん　心療内科」「がん　助けてください」と検索していると「がん哲学外来」が目に留まりました。私と「がん哲学外来」との出会いです。四月二五日、スマホで見つけた池袋がん哲学外来・帰宅中カフェに参加しました。はうように、そして何かに導かれるように足を運びました。そこでがん哲学外来の創設者で医師の樋野先生のお話を聞き、参加者の方々に会いました。この出会いが、「病人」となっていた私の心の尊厳に触れたのです。その場で先生の本を購入しサインと握手をしていただいた折、思わず言葉が出ました。「こんな私でも何かできることがありますか」。前向きな言葉に、われながらびっくりしました。先生は「あるよ。カフェに来なさい」と言われました。それから私は、いろいろなカフェに足を運びました。

カフェで信頼できる人と出会って

ある日、私も活動している地域猫の保護をしている方から、地域猫のご飯やり場をご好意で提供してくださっているという、近隣の教会のことを知りました。その教会が後にカフェを始めることになる目白町《めじろまち》教会です。教会に初めて連れて行っていただいたときの驚きは忘れられません。掲示板の講演予告のポスター、そこにあったのは樋野先生の笑顔でした。

七月一七日、目白町教会での樋野先生の講演会に夫と参加しました。夫はカトリックの信者ですが、私は仏教徒です。最初は少し緊張しましたが、教会の方々は温かく迎え入れてくださいました。心身とも病人になっていた私、そして行き場も見失っていた私が、樋野先生の言葉の処方箋をもらって元気になった話をしました。つたない私の話を皆様は熱心に聞いてくださいました。そして、この教会でがん哲学外来カフェができればうれしいと最後に話しました。

その日のうちに話し合いが進み、八月三一日に目白町教会でカフェを始めることになりました。樋野先生がおっしゃる「速効性と英断」です。カフェはキリスト教の活動そのものではありませんが、教会を「器」として提供してくださった教会のご支援をいただいて、私が代表を務めることとなりました。そして皆様に守り支えられ、その日を迎えることができました。もしかしたらこのときのために病気という運命があったのでは、とさえ思えました。

目白町教会の方が四名、スタッフとして協力してくださっています。信頼できるすばらしい方々で、心強い家族のような存在です。悩んだり困ったりすると、目白町教会の牧師に話を聞いていただいています。

がん哲学外来カフェは、「医療のすき間」を埋めてくれる、癒やしと寄り添いの場所であると同時に、私にたくさんの愛と希望を与えてくれる場になりました。樋野先生がおっしゃる「人は最後に死ぬという大切な仕事があり、そのためには品性を完成させ、残される者に最高のプレゼントを残せるよう」な生き方を目標に生きていきたいです。

カフェが、助けを必要としている方々にとって、どう生きていくのかを考えるきっかけの場になればと思います。私たちが用意するのは「空っぽの器」です。来られる方がそれぞれに何かを受け止めたり、心の内に感じてくださればうれしいです。一人でも参加してくださる方がいる限り、「いい覚悟」で毎月一回カフェを続けていきたいと思います。

（目白がん哲学外来カフェ代表）

言葉の処方箋

苦しみが品性を磨く　病気は誰のことも差別しません。どんな境遇であっても、誰でも、人は病気にかかります。しかしその病気をとおして、人は品性を磨くことができます。病気は不条理かもしれませんが、それに耐えて乗り切った人の品性は磨かれ、希望が生み出されます。そして、希望は失望に終わることがありません。本当の希望は、苦しみにあった人にしか生まれないのです。森さんの見いだした希望を、カフェにいらっしゃる方々と分かち合っていただきたいと思います。

（樋野）

カフェは神さまに導かれて

延藤好英《のぶとうよしひで》

わたしが牧師を務める日本基督教団和気《わけ》教会の祈祷会で、「がん哲学カフェを教会で開催することができますように」と祈り始めました。二〇一六年二月のことです。『信徒の友』でカフェを知り、教会員にがんの方が数人おられることや、わたしの知り合いでがんで急逝された方が教会での患者会を希望されていたことから、その必要を感じたのです。三月には、お隣の兵庫県にある播磨《はりま》新宮《しんぐう》教会で行われている「がん哲学外来メディカルカフェ in 播磨」に、信徒二人と共に参加しました。四月には、樋野先生が岡山の蕃山町《ばんざんちょう》教会に六月に来られるとお聞きし、和気町にも来てほしいと、ダメもとでメールでお願いしました。すると即座にお返事をいただきました。「感謝申し上げます。承知しました。参上します」。感激でした。神さまの御心が成っていると感じました。

そして六月に、和気町中央公民館をお借りして、樋野先生の講演会を開催しました。五〇人を超える方々が集まり、関心の高さを感じました。そこで、私たちもカフェの開催を具体的に考えるようになりました。毎月は主宰者として負担が大きい。しかし、がん患者にとって二か月に一度は間が空き過ぎではないか。いろいろ話し合った結果、毎月開催としました。そして七月に「がん哲学カフェ in 和気」が発足し、毎月第一土曜日の午後二時から四時まで開くことにしました（現在は、毎月第二土曜日の午後二時からの会になっています）。毎回二〇人前後の方々が集まっています。

代表は、言い出しっぺのわたしです。六月の講演会、七月から一〇月は、和気町中央公民館を会場にして行っていました。理由は、トイレです。和気教会にはトイレが一つしかありません。そこで、駐車場もトイレもたくさんあり、駅からも近い和気町中央公民館を会場にしました。しかし、一一月に公民館の文化祭があって使えないということで、臨時で和気教会でカフェを行ったところ、トイレが混雑することはなく、クリスチャンでない方から「落ち着いた感じがしていい」との感想をいただき、一二月以降も和気教会で行うことにしました。

会場を教会に変更して

カフェ当日は、一三時ごろからスタッフ三～四人が集まり始めます。がんを体験された方も含めて、皆さん教会員です。礼拝堂の端と端に小グループ用テーブルと椅子を二組分作ります。入口近くに受付用テーブルを、礼拝堂の真ん中にもテーブルを一つ出して飲み物とお菓子を並べます。一四時からの開始ですが、一三時四〇分ごろ、スタッフが集まってお祈りをします。カフェの中ではお祈りや聖書朗読はしません。クリスチャンでない人たちが集まりやすいようにするためです。

それ以降のスタッフの仕事は、来られた方に「こんにちは。よくいらっしゃいました」と明るく声を掛けること、受付や案内をすることです。その後は参加者としてどこかのグループに入り、語り合いに参加します。

「人のため」が自分のために

プログラムとしては、その日のスケジュールをお知らせし、わたしのギター伴奏で季節の歌を一曲歌います。ゲストがいる場合は、その方のお話を三〇分ほど聞きます。今までにゴスペルシンガーの三上勝久さんなど三人の方のがん体験を伺いました。その後、六～七人のグループに分かれての語り合いを四〇分ほど、体のストレッチをはさんで、再び小グループでの語り合いを三〇分ほど行います。一回目のグループの半分が入れ替わります。最後にもう一曲歌って、次回の日程を確認しておしまいです。

スタッフからは、「地域のニーズに応えている実感がある」「同じ友がいて共感したり、笑えたりというのが大事なんだと感じています」「何回も語りたいだけ語ることが大切。何度も聴くことも大切です」という声が聞こえています。「人のためと思って参加し始めたけれど、自分のためでもあると思わされています」という声もあります。

ゲストの話に励まされたり、同じがんであることで情報交換をしたり、カフェが終わってもしばらく話し込んでいたり、参加する方々にとって、とても大切な時間になっています。わたしも小グループに参加して、いろいろな方の話をお聞きします。その人が胸の内に秘めておられたであろうお話を語ってくださるその勇気と信頼に感激することもしばしばです。聖書には、「隣人を自分のように愛しなさい」（マタイ22・39）、また、与えられたタラントンを土の中に隠さずみ業のために用いるようにと書かれています。わたしにとっても教会のメンバーにとっても、カフェはこの神さまに導かれての業だと思っています。

（がん哲学カフェ in 和気代表）

言葉の処方箋

対話で温かい光が差し込む　がん患者が抱える苦しみや必要は、この社会が抱える問題を教えてくれているのだと思います。そして、多くの患者たちが「対話」を求めています。自分の気持ちに共感してくれる人、話を聞いてくれる人、心の底からの言葉で語り合える相手を求めているのです。語りたいことを存分に話せる、聴く方も何度でも聴く。信頼をもって互いに集うとき、そこに温かい光が差し込みます。延藤さんの働きも、全国のカフェも、そのような光を差していると思います。（樋野）

第3部

教会カフェ
いかに始め、
いかに続けてきたか

バトンを受け取って

太《おお》田《た》和《わ》歌《か》子《こ》

私たちの「がん哲学外来 白鷺《しらさぎ》メディカル・カフェ」は、私の妹、中井理佐子が主宰となり、二〇一五年に日本基督教団白鷺教会を会場として始めたカフェです。まず五月に樋野先生の講演会&メディカル・カフェ体験版を行い、七月にカフェが始まりました。開設の経緯について、彼女が雑誌『信徒の友』二〇一五年一一月号に書いた文章の一部を再掲載させていただきます。

地域に仕える働きとして

中井理佐子

当初、私は『信徒の友』を読んでがん哲学外来のことを知っている程度で、自分がカフェを開くとは思っていませんでした。そんなとき白鷺教会で、『信徒の友』創刊50周年記念の教会応援企画を活用して、毎年開催する伝道礼拝の講師として樋野興夫先生をお招きすることになったのです。当時役員だった私は、自身ががん患者の立場であったこともあり、その企画担当を引き受けました。それが自分の役割ではないかと思ったからです。

まずは、がん哲学外来についてより深い理解が必要だと感じ、樋野先生のご著書を読み、他教会や公共の集会室などで開催されていたメディカル・カフェを、岩本聖史《さとし》牧師らと共に見学しました。ただこの時点でも白鷺教会でのカフェ開催までは考えていませんでした。自分の中で目的が定まっておらず、途中で気持ちがなえてしまうのではないかと思っていたのです。そんな私の背中を押してくれたのは、各カフェを運営する先輩スタッフの方たちでした。カフェを開けば毎回新しい出会いと発見、学びがあると教えてくれたのです。

五月の講演会でメディカル・カフェ体験版を開催したときは、近隣の方、がん患者の方やご家族の方など、予想以上に多くの方々が教会を訪れてくださいました。身近にこのようなニーズがあると知り、「続ける必要があるな」と思わされました。

その後、私たちは白鷺メディカル・カフェを立ち上げました。留意したのは、カフェの働きと教会の活動を区別することです。ですが、カフェと伝道が全く別のものだとも思いません。カフェを開催して感じたのは、地域の方々が求めているものと、私たちの活動がうまく合致したということです。

白鷺メディカル・カフェを開くまで

2014年12月
伝道礼拝の企画を検討。樋野先生を招くことと担当者を役員会で決定。

2015年1月
講演会の開催が正式に決定。
・がん哲学外来の書籍を読み、イメージを膨らませる。担当者が自宅近くのカフェに参加。牧師や役員とも見学に。

2～3月
講演会の開催形式を役員会で議論。
メディカル・カフェについての課題
・初心者にも開催できる方法は？
・非教会員が参加しやすい方法は？
・グループに分かれて行う対話を、どうすればうまくコーディネートできるか？

4月
開催形式を、講演会とメディカル・カフェ体験版の併催と決定する。
チラシを制作
・教会員他や近隣教会に告知。新聞に折込広告を封入。近隣住宅にポスティング。一般社団法人がん哲学外来の後援を受け、同HPに情報掲載。

5月17日（日）
樋野興夫先生講演会＋メディカル・カフェ体験版（1時間程度）の開催。
→78名（教会員以外は31名）が講演会に参加、カフェにも22名が残って参加。
・当日のアンケート結果では、チラシやポスター、ネットを見て来たという人も！

6月
白鷺メディカル・カフェ立ち上げに向けて始動。東村山がん哲学外来メディカル・カフェに牧師と担当者が参加し、詳細なアドバイスを受ける。
→開催形式などを検討し、役員会で承認を受ける。一般社団法人がん哲学外来に認定団体の申請を行う。
課題
○誰が責任者となるか？
○開催頻度や経費はどうするか？
▶教会全体の行事にせず、牧師と信徒個人が責任者に
▶3か月に1回の無理のないペースに
▶参加者からはお茶・資料代の実費をもらう（300円）

7月18日（土）
「がん哲学外来　白鷺メディカル・カフェ」開催
・教会員以外の来会者も得て、合計17名が参加

この『信徒の友』の記事をきっかけに、他の教会にもがん哲学外来カフェへの関心が広がっていったと聞いてうれしく思っています。同じ記事の中に掲載された、カフェを開くまでの道のりを図解した「白鷺メディカル・カフェを開くまで」も、その後いろいろなカフェの立ち上げに役立ったようですので、これも再掲載します（右頁）。

バトンタッチ（でも続けるって案外大変）

こうしてスタートした白鷺メディカル・カフェですが、主宰となった妹が主に「社団法人がん哲学外来」とのやり取りや運営準備などをしていたので、私も一緒にやっていたにもかかわらず本当の意味で「主宰の苦労」を知ったのは、二〇一六年八月に妹が天国に旅立った後でした。

始めた時は「いずれは私が継いでいくんだろう」と思っていましたが、こんなに早く「その時」が来るとは思っていませんでした。いざ、引き継いでみると「あれ？　これはどうなっている？」ということがたくさん。広報はどうやって？　これからこの活動を広げていくにはどうする？　そんな時に助けてもらうのが、「がん哲学外来メディカルカフェひばりが丘」の田鎖夕衣子《たぐさりゆいこ》さんです。

日本基督教団ひばりが丘教会がメディカルカフェを立ち上げる際には、妹がいろいろ相談相手となっていたようですが、今は私が相談に乗ってもらっているのです。「自分のカフェでは『カフェだより』を作ってみたわ」「私たちはホームページや広報用の名刺を作ったり、社会福祉協議会ともつながったのよ」「ボランティア募集とチラシに掲載したら、教会外の方が一緒に手伝ってくれるようになったよ」。お互いに出し合うと、アイデアは二倍！「今度はうちでもやってみよう！」となります。例えば当初、白鷺メディカル・カフェは三か月に一回の開催でしたが、私が引き継いだのを機に二か月に一回にペースアップ。それも「ひばりが丘カフェと重ならないようにすれば、お互い行き来しやすくなる」と考えて、こちらは偶数月に開催することに。すると自分のカフェの開催月でないときは「あちらへどうぞ」と案内でき、ピンチのときは「手伝って」と言いやすくなるわけです。

そんな「こんな時にはどうしている？」という二人の会話の中から生まれたのが「21世紀のエステル会」です。その時そばにいらした樋野興夫先生の言葉「もっとメディカルカフェ同士が交流する場が必要でしょう。合同シンポジウムをやったらいいですよ」に後押しされて、「実際にカフェの運営を担う中で生まれる疑問や気づきを共有し、相互交流をしよう」という趣旨で、樋野先生に顧問になっていただき、代表に「川口がん哲学カフェ　いずみ」の金田佐久子牧師、広報部長に田鎖さん、企画部長に私と、何とも不思議な「21世紀のエステル会」を立ち上げました。そしてこれまで二回のシンポジウムを行うことができました。

「内輪のカフェ」にならないように

妹は先の『信徒の友』の記事の中で「『地域に仕える』ということがなんとなくわかってきたように思います。『公《おおやけ》の家』として、いろいろな人の心のよりどころになることこそ、教会の本来の目的なのではないでしょうか。今回の企画は、人々が教会に最初の一歩を踏み入れる良い機会だったのではないかと思います」と書いていました。

これからの課題は「いかに開かれたカフェにしていくか」ということでしょう。教会内スタッフだけだと内向きになってしまい、自己満足を求めることになりがちです。現在白鷺メディカル・カフェでは、ホームページやチラシ、ポスターでボランティア募集をしており、教会外の方にもスタッフになっていただくことで、「外から見た白鷺メディカル・カフェ」を意識しています。

また樋野先生をお招きした講演会の後援を、中野区社会福祉協議会に申請したところ、後援名義を認可されました。それがきっかけで、中野区社会福祉協議会とのつながりができ、「地域の居場所情報一覧」に載せてもらうこともできました。

そして自分自身も積極的にあちこちのカフェとつながりながら、「教会が会場であっても入りやすいメディカルカフェ」を目指していきたいと思っています。

（がん哲学外来　白鷺メディカル・カフェ主宰、日本基督教団白鷺教会員）

弘前がん哲学外来メディカルカフェ　ひととき

地域に仕える、という教会の伝統に立って

村《むら》岡《おか》博《ひろ》史《し》

弘前教会で「がんカフェ」を始めたきっかけは、二〇一七年六月、樋野興夫先生を教会の特別伝道集会の講師にお招きしたことです。正直なところ、講演会までは「カフェ」を開く計画を教会はもっておりませんでした。しかし、先生との懇談や講演を通して、「教会でも始めましょう」となりました。長老会では特に反対する声はありませんでした。

重要なのは反省会

弘前教会は、一八七五年の創立時より、地域社会の課題に積極的に関わってきた歴史がありました。二〇世紀後半には障がいのある子とその親の支援活動に取り組みました。現在でも地域への奉仕として、こども文庫と留学生対象の日本語教室を教会員の奉仕で毎週土曜日に行っています。

教会には、地域で自主的にボランティア活動に関わっている方が多数おられます。また、ソーシ

ャルワーカー・医師・看護師・管理栄養士などの信徒がいるほか、がん経験者が多数おられ、ひとたび始めればなんとかなる、という見通しも後押ししました。

立ち上げについては、牧師と数名の長老で、とりあえず動き始めました。先発のカフェから資料を取り寄せ、「社団法人がん哲学外来」のホームページを調べて、そのルールや方針を学びました。また関心のある信徒に、樋野興夫先生の著書を個別に学んでもらい、その上で、盛岡のがんカフェを一緒に訪問し、見学させていただきました。

その後、二〇一七年八月から四回の準備会をスタッフ希望者と共に行い、二〇一七年一〇月末の日曜日午後に、第一回のカフェを開催しました。数回を重ねるうち、当カフェの目標は「（問題が）解決しなくても、（心のモヤモヤを）解消しよう」に定まっていきました。スタッフは信徒だけで十数名与えられており、ホットコーヒーのためだけに奉仕くださる一般のスタッフも一名おられます。来会者は一〇名を超えず、若干名の日もあります。でも参加者のほとんどは、すばらしい笑顔で帰って行かれるので、スタッフはとても手応えを感じています。

しかし問題も起こります。開設当初のいくつかを挙げてみると、他教団のキリスト者の患者さんが「信仰による癒し」を強調されたこと、患者の家族も参加しているために患者にしか分からない思いを話せず失望させたこと、ある日のカフェでは特定の人ばかり話していたこと、などがありました。カフェ終了後の反省会はとても重要で、特に、進行役のあり方を毎回検証しています。

スタートから半年がたち、代表を信徒にゆずりました。宗教色を抜いて、より多くの方に来会していただきたいと願ったこともあります。それ以降、信徒スタッフがすべての活動を企画しています。

牧師らしくなく

代表から牧師である私に言われたことは、「牧師らしくない格好で、暇げにしていてください」ということでした。カフェが行われている九〇分間、私は教会玄関ロビーで暇そうにしています。牧師の役割は、メディカルカフェに来た方の内、特に深い悩みのある方に個別に対応し、「核となる言葉」を告げることです。これで樋野先生の目ざされた、がん哲学外来の本来の目的が、ささやかでも成就されることを願っています。

たくさんのスタッフを調整すること、会場を設営すること、カフェの開催を広報すること、心休まる飲み物を提供すること等の裏方を担うのは事務局です。現在、隔月一回程度、事務局の数名が準備会をもっています。またスタッフは、傾聴や進行のスキルにおいてレベルアップすることが必要です。そのため、県が提供する「がんピアサポート研修会」に自主的に参加しています。

聖研にも「対話のルール」を

カフェでの経験は教会活動でも有効です。カフェでは「聞いたことを批判しない」「沈黙の時は『考える時』」等の対話のルール（本書17頁参照）が大切ですが、毎週水曜日の「聖書と祈りの集い」でもこれを使います。聖書を学んだ後、場所を変えて車座になり、教会員の中から指名された話題提供者が自由に話すのですが、その車座の真ん中に「対話のルール」を貼った丸イスを置いているのです。教会で普段していることを、カフェで自然にできるようになることを狙っています。

カフェを開催するのは、偶数月の最終日曜日の午後です。礼拝後のため多くのスタッフが参加できる半面、必要な教会行事を入れられない、という悩みがあります。しかし、毎回、十数名が喜んでご奉仕されている姿に励まされ、教会の可能性を見ているのも事実です。

カフェを始めて、予想しなかった「果実」もありました。地域の医療機関や他のがんカフェとのつながりが生まれたことや、カフェ開催日には教会に来られる方があることです。そして青森県の「がん患者支援団体」に登録され、県のホームページを通して、教会が地域に宣伝されているのもありがたいことです。「教会でのカフェは、特定の医療機関の下請けでないため、安心して話すことができる」と喜ばれています。

（弘前がん哲学外来メディカルカフェ　ひとときスタッフ、日本基督教団弘前教会牧師）

がん哲学外来さいわいカフェin茨城・筑西

ゆるーい雰囲気を大切に

海《え》老《び》澤《さわ》規《のり》子《こ》

二〇一三年四月、看護師として父を看取る経験をしました。私の勤務する病棟に、血液のがんになった父が入院してきて、最後を共に過ごしたのです。その時の娘としての対応や、看護師としての対応などのことで、心残りや、もやもやがずっとありました。

そうした中、二〇一六年八月、久しぶりに会った友人とランチをしている時に、「樋野興夫先生」「がん哲学外来」という言葉を初めて聞きました。さっそくカフェに関する講演会にうかがったり、樋野先生の『いい覚悟で生きる』を読んだりしました。本に載っていた言葉の処方箋を通して、気持ちが軽くなり癒やしていただけたように感じ、がん哲学外来に心引かれていきました。

翌年一月に、友人と一緒に、「お茶の水メディカル・カフェ in OCC」に参加してみました。そこで初めて樋野興夫先生にお会いし、挨拶しながら「茨城にがん哲学外来カフェを」との思いを伝えると、「ぜひ、やってください」とおっしゃられたことを覚えています。

甘さから覚悟へ

私の所属する幸町《さいわいちょう》キリスト教会を会場にカフェを開設することを願い、教会で興味を持ってくださる方との話し合いを始めました。でもそこで、私の甘さや、思いの曖昧さが明らかになっていきました。私は、自分と同様に、他の方もカフェを始めたいはずと勝手に思い込んでいましたし、自分がリーダーシップを取るという覚悟に欠けていたのです。「私にできるのか、私で大丈夫なのか」など大きな不安を覚えましたが、樋野先生の「場所と名前が決まれば、だれでもできます」「中学生でも始めています」との言葉に背中を押され、次第に覚悟が決まっていきました。

幸い、役員会の応援を得られることになり、二〇一七年一〇月二二日、樋野先生をお招きして、オープン記念講演会を開催することができました。そして翌月一一月二五日に第一回の「がん哲学外来さいわいカフェ in 茨城・筑西《ちくせい》」がスタートしました。教会員のお二人がスタッフとして名乗りを上げてくださったこと、そしてお茶の水のカフェで出会った茨城県内の総和キリスト教会の方が、開設当初よりスタッフとして協力してくださったことは、とてもありがたいことでした。

最初の一年は隔月で、一周年記念講演会の後からは毎月開催しています。参加者はスタッフを含めて十数名です。スタッフは現在、教会員と教会外の方が半々です。教会外から初めてスタッフをしたいと申し出てくださった方は、ゴスペル教室でご一緒の保健師さんでした。その後、がん哲学外来のホームページでカフェが近所にできたことを知った看護師さんと、講演会の新聞案内から興味を持ってくださったケアマネージャーさんが、さらに主婦や会社員の方々も加わって活躍中です。

カフェのたびに発行する「さいわいニュースレター」では、「あなたのできることで支えてください」「何もできなくてもいてくれるだけでいいんです」「参加できるときだけで大丈夫です」と毎回スタッフ募集を呼びかけています。ゆるーい雰囲気のさいわいカフェですから、スタッフの方も持ち味を生かしながら、リラックスして過ごしていただけたらと思っています。

またスタッフとは別に、牧師が、「さいわいコーディネーター」という協力者の立場で毎回参加し、カフェの一つのテーブルの司会や奏楽などを担当しています。さらに、私の相談に乗ってくださったり、祈りつつ、カフェの方向性などについても見守ってくださっていると感じています。

教会全体としてもカフェへの関心が高まっており、スタッフになってくださる方や、参加してくださる方が、徐々に増えていることを感謝しています。私たちの教会はいろんな活動をしていますが、カフェもその一つとして教会ホームページでも紹介されています。

これから始める方のお手伝いを

先述のように、「場所と名前が決まれば、だれでもできます」との樋野先生の言葉を信じて、カフェを始めました。でも、一人ではできないことですから、たくさんの方々の協力と理解をいただいて継続してきました。他の方を巻き込むことに抵抗もありましたが、カフェの活動を通して、地域の方々との新しい出会いが起きたり、「来てよかった」「参加してよかった」との声を聴けたり、参加者が笑顔で帰る姿を見たりすることで、たくさんの喜びをいただいています。

茨城には、現在、私たちのほか、「古河《こが》そうわカフェ in 茨城」「がん哲学外来@あがっぺカフェ」と三つのカフェが開設されています。いずれも教会を会場にしているカフェです。この三カフェがお互いに協力していけたらとの思いで、二〇一九年五月、「いばらきチャウチャウ友の会」が誕生しました。会長は、さいわいカフェスタッフの佐々木忠成さんです。

がん哲学外来カフェの良さは、がんの当事者はもちろん、がん家族や遺族、またお友達や職場の方ががんでどう接したらよいかと悩んでいる方など、どなたでも参加することができ、生きることについて共に考えることができることです。樋野先生はよく「自転車で行ける場所に、がん哲学外来を」とおっしゃいますが、たくさんのところに、それぞれの特徴をいかしたカフェが増えていくことを願っています。

これからカフェを始めたいと思っている方のご相談に乗ったり、お手伝いに行ったりしたいと思っていますので、どうぞお気軽にお声をかけてください。

（がん哲学外来さいわいカフェ in 茨城・筑西代表、幸町キリスト教会員）

やっているうちに、しみ込んでくる

木暮《こぐれ》達也《たつや》

二〇一二年夏、伊勢崎聖契キリスト教会の教会員であった五十嵐英行君ががんになったことが始まりでした。スイミングクラブで宣教師と出会い、洗礼に導かれた青年で、彼が加わったことによって、少ない人数の私たちの群れは活気づきました。しかし彼の体調がすぐれなくなり、原因もよくわからず、市内の病院（現在、がん哲学外来カフェが毎月開催されています）で精密検査を受けました。結果は症例の少ない小腸がんでした。彼が二〇一三年二月に召天するまでの数か月、私たちの教会にとって、最大の祈りの課題となりました。私も牧師として彼と一緒に、治療法のこと、抗がん剤のこと、代替療法についてなど、ファミレス等でよく話しました。

　彼が入院してからは、彼の紹介で別の入院患者さんと話すこともありました。退院してからの生活の不安を聞かせてくださいました。昔とは違い、多くの方ががんと共に生きていく人生を送るようになりましたので、そのための励ましと交流の場が、切実に求められていると感じました。

　そんなとき、樋野先生ご夫妻と同じ教会に出席されている宣教師の紹介で、がん哲学外来と出会いました。さっそくがん哲学外来カフェ発祥の地のような、「東久留米がん哲学外来 in メディカル・カフェ」に参加させていただきました。ごつい名前の割には、ゆったりした集まりでした。「こんな感じなら私でもできるかも」と思えるようなリラックスした集まりでした。

読書会から病院内カフェへ

二〇一三年五月一二日には伊勢崎聖契キリスト教会を会場に、樋野先生の講演会を開催しました。教会関係者だけではなく、地域のがん患者さんも来られ、予想を超えた参加者数で、樋野先生が言われる「時代の要請」を実感しました。この講演会をきっかけに、樋野先生の本の読書会を始めました。集まりは毎月第四火曜日の午後、一時間半程度で、樋野先生の書かれた『がんと暮らす人のために　がん哲学の知恵』(主婦の友社)、『明日この世を去るとしても、今日の花に水をあげなさい』(幻冬舎)などを輪読し、あとはお茶を飲みながら自由に歓談するだけのプログラムです。そんな数人の集まりを三年半程継続しました。

本格的なカフェ開催のきっかけになったのは、ご自身がん患者である塚本恵美子さんが地元での私たちの活動を知り、読書会に出席されるようになったことです。塚本さんは樋野先生との個人面談を通して、カフェを病院内で開催するという使命感を持ちました。そして、患者の立場から、病院の院長にカフェ開設要望の手紙を出されました。それは、カフェを病院内で始めたいと考えておられた片山和久医師に届き、すでに市内で活動していた私たちとの面談がセッティングされました。

二〇一六年一一月二三日、私たちがん哲学読書会のメンバーと、塚本さん、片山医師、地域連携のスタッフ、看護師さんたちとの話し合いが、病院の会議室で持たれました。そして、伊勢崎市社会福祉協議会のボランティア・市民活動センターのご協力も得て、塚本さんが代表である、ボランティア団体「がん哲学外来なごみカフェ」が新たに設立されたのです。

二〇一七年一月二四日、「がん哲学外来なごみカフェ」が病院内の患者サロンをお借りして、第一回目のがん哲学外来カフェが開催されました。以来、私たちも三年半の読書会で学んだことを生かす場として、スタッフに加わり協力しています。今では、医師、看護師、臨床検査技師、病院事務方、製薬会社、保険会社、社会保険労務士、緩和ケアをしておられる内科医と看護師、患者さん、地域の方などさまざまな人が出入りし、他では得難い交流の場となっています。

二〇一七年一一月には、東京で、私たちの教会が所属する日本聖契キリスト教団主催のアジアカベナント教会会議が開催されました。アジア六か国からの牧師や信徒が集まったその会議で、日本の取り組みの一つとして、がん哲学外来カフェの活動を紹介する機会がありました。各国、特に台湾の参加者から多くの反響があり、改めて、がんが人間共通の課題だと気づかされました。

教会でもカフェ

二〇一八年一一月二二日には、渋川市でも、樋野先生をお迎えしての「新島八重記念　がん哲学なごみカフェ渋川」をスタートしました。私が牧師として奉仕している渋川カベナント教会を、「なごみカフェ渋川」が会場としてお借りするという形です。年に三、四回ですが、樋野先生による個人面談とがん哲学外来カフェを、伊勢崎のカフェスタッフの協力もいただきながら開催しています。

「がん哲学外来って、結局なんですかね？」と樋野先生にお聞きしたときに、「なんだかわからないというのがいいね！」と言われました。あまり難しく考えると、がん哲学外来カフェをスタートするのに躊躇《ちゅうちょ》があると思いますが、やっているうちに何となく、しみ込んでくるという実感です。実際にやってみて思うのは、「いちばん大事なのは人だな」ということです。特に中心になるスタッフの「品性、使命感、犠牲」（「カフェスタッフの要件の三か条」より。本書28頁参照）は、開かれたカフェを継続して開催していくためには欠かせないと思います。ぜひ、一人ではなく、牧師やクリスチャン仲間二、三人で祈り始めてください。きっと神様が導いてくださると信じます。はじめの一歩を踏み出しましょう！

（新島八重記念　がん哲学なごみカフェ渋川 代表、
日本聖契キリスト教団伊勢崎聖契キリスト教会、渋川カベナント教会牧師）

ながれやま・がん哲学外来カフェ

「ようこそ！」という溢れる思いで

春日井《かすがい》いつ子

「ながれやま・がん哲学外来カフェ」は二〇一九年一二月で丸三年になります。何もわからないまま、やや見切り発車で始めたという感があります。しかし、三年経った今では、自分自身の心も身体も、カフェの栄養が補充されていることを感じます。

ただの主婦が、がんになっただけです。人に何かを伝える力などありませんが、カフェを開くという「仕事」を与えられたことを感謝し、こつこつと続けてきました。

「教会員なら、話は早い」

自ら希望してカフェに至った訳ではありませんが、病を通して樋野先生との出会いをいただきました。当時の私は、手術や化学療法、放射線治療等、一年間の闘病生活を終え、比較的元気だったからでしょうか。先生は「まずカフェを開いてごらんなさい。教会員であれば、なおさら話が早い」とおっしゃいました。パソコンも触れたことのない私が、果たして事務局とのやり取りや、チラシを作っての広告等できるのだろうか。不安はありましたが、勧められるまま、偶然かつ必然的に所属教会でカフェを開くことになりました。

カフェ開所式は二〇一六年一二月一二日。樋野先生をお招きしました。ちょうどその頃、日本中がオリンピック・パラリンピックの招致決定の喜びに沸いており、マスコミは「二〇二〇《にいぜろにいぜろ》」を合言葉にしていました。私は開所の挨拶で、来場者の皆様に「ながれやまカフェのスタートはイチニ、イチニ（一二月一二日）からです」と紹介しました。以後、翌年一月からカフェを隔月で開いてきました。牧師夫人と教会員スタッフ五名を合わせ、毎回二〇名前後の参加者があります。

このカフェの働きは、開始当初は信徒である私個人の想いに、教会が協力する形でした。しかし、その後、教会の働きの一つに加えられました。今では、牧師はじめ教会全体が祈りによって支えてくださり、週報や月間スケジュール等にもカフェの日程が掲載されています。

会場として、最初は、教会の和室をお借りしました。静かな個室であり、落ちつく雰囲気が好評でした。しかし最近は参加者が増えており、礼拝堂に場所を移しています。

というのも、二〇一八年に公開された映画「がんと生きる　言葉の処方箋」で、私を主人公の一人として取り上げてくださり、教会のカフェの様子が、映画の中で明るく生き生きと映し出されているからです。最近は映画をご覧になった方の参加も目立っています。

市の広報等にもカフェの案内を載せてもらっており、それを見て来てくださる方もいます。新しい方がまた友人をお誘いし、と新しい参加者が少しずつ増えています。

教会での対話は、ゆっくりと静かな時間が流れます。人数が少ない時でも、「その日来てくださった方は、主のご計画の中でいらしたのですから、とても意味のあることです」と、牧師夫人が一人一人の言葉を大切にメモを取り耳を傾けてくださいます。そして会の終わりに祈ってくださる祈りは、参加者の心に平安を与え、心を整え、安らぎの内に帰路へといざなってくれます。

待機する牧師の役目

カフェの三年間で出会った二つの言葉をご紹介します。

空っぽの器　ある日の礼拝説教で、「空っぽとは、自分の心の貧しさを認めること、そしてそれは、自分の罪を認めることに通ずる」と教えていただきました。樋野先生は「空っぽの器」の話をよくされます。それに重なると思いました。参加してくださる皆様をお迎えする時、こちら側が最初から満杯にしない、自分自身の心の貧しさを知れば満杯になどできないのです。「ようこそ!」という溢れる思いでお待ちすることで十分であり、その思いがカフェの土台と気づかされました。

心を尽くして　昨年の春、楽しみにカフェに参加していらした肺がんの男性が、カフェをきっかけに受洗を決意されました。がんセンターの一室で牧師より洗礼を授けていただきました。誰も予期せぬことでしたが、男性は受洗直後、息を引き取られたのです。
折しもイースターの日。牧師は洗礼を授けた後も、御もとに帰るまで寄り添い続けました。
「心を尽くして主に信頼し、自分の分別には頼らず、常に主を覚えてあなたの道を歩け。そうすれば、主はあなたの道筋をまっすぐにしてくださる」（箴言３・５―６）
直接の伝道はせずとも来てくださる方々に何か生じた時、待機する牧師の役目は大きいのです。教会でカフェを行う意義を感じた忘れ得ぬ出来事でした。

樋野先生は「新しい人との出会いはその人を大きく成長させる」とおっしゃっています。病気になったおかげで、毎回すてきに生きておられる方と出会います、たくさんの愛をいただいています。お忙しい樋野先生と幸運にも出会い、最短距離でカフェを始められたことは幸いでした。先生との出会いがなければ「がんになって良かった」という心からの言葉は、生涯使うことはなかったでしょう。気負わずゆったりと主に信頼して皆様をお迎えする。この使命を感じながら四年目の冬を迎えます。

（ながれやま・がん哲学外来カフェ代表、日本同盟基督教団平和台恵教会員）

川口がん哲学カフェ　いずみ

一回のカフェが一期一会と心得る

金田《かねだ》佐久子《さくこ》

無力な自分を知らされて

筆者は、二〇〇四年四月から、西川口教会の主任牧師となりました。それ以来、がんになったことがきっかけで、礼拝に来られ、救われ、神のみもとに召された、何人もの信仰の友との出会いを与えられてきました。まさに今、がんの治療を経て、経過観察が続いている教会の仲間もいます。筆者は、牧師としてその苦悩に寄り添ってきました。

苦悩とは、がんの治療（入院生活、副作用の苦痛）だけでなく、家族との関係、仕事や職場とその人間関係、死と向き合うことなどです。今までの生活が大きく変わらざるを得なくなってしまうことを、つくづく知らされました。がん患者当事者ばかりでなく、家族もある意味で当事者であり、ケアを必要としていることも知りました。そして、そのような苦悩の前に、無力な自分を知らされ、何と言葉をかけていいかわからない者でありました。

そのような体験を重ねていたところで、雑誌『信徒の友』の二〇一四年度に始まった連載、樋野興夫先生の「シリーズ　がんと生きる」を読み「がん哲学外来」を知り、大いに共感しました。「がん哲学外来」とは、がんになったことで、生きることの根元的な意味を問い、考えようとする人たちの対話の場です。そこで紹介されていた樋野先生の「言葉の処方箋」は、短く、一度聴いたら忘れられず心に留まり、ハッと気づきを与えられる言葉がたくさんあり、思わず、そうだとうなずいていました。「言葉の処方箋」ならば紹介できると思いました。

先ほど書いたように、がんをきっかけにして西川口教会の礼拝に来られた方がありましたが、二人に一人ががんになる時代、苦しんでいる人は地域にもっと多くいるはず、と思いました。ちなみに西川口教会のある埼玉県川口市は、埼玉県南部にある人口約六〇万人の街です。前述の樋野先生の連載が始まった頃、川口市周辺の県南地域にメディカルカフェはまだありませんでした。苦悩を抱えている方々が、自分の住まいから近いところにカフェがあったら気軽に来られるのではないか、私たちの教会でできないか、という志を与えられました。

そこで、約一年、祈り、教会を会場にしているいくつかのカフェに参加し、体験させていただきました。それを参考にして、自分たちが行う場合の運営方法を検討しました。西川口教会の場合、教会が主体となってカフェを運営するよりも、教会堂を借りて有志が行う形の方が、活動しやすいと考えました。西川口教会員以外の、例えば地域の人とも一緒に活動できる可能性も開いておきたいと思いました。一年間の準備の時を経て、教会役員会の牧師の報告の際に「がん哲学外来メディカルカフェに会場を借りたい」と考えていることを伝え、『信徒の友』の記事を基に、がん哲学外来とはどのようなものかを説明しました。一度だけではなく、何回かに分けて、一年ほどかけて伝えました。役員の方たちも、牧師にそのような願いがあることを、徐々に受け入れてくれました。そして、教会堂を借りることは役員会で承認されました。

続けていれば、いつか

二〇一七年一月に樋野先生をお招きしてカフェ開所記念講演会を開催し、同年三月から「川口がん哲学カフェ　いずみ」を始めました。活動は、「川口がん哲学カフェ世話人会」が運営しています。世話人は、まず教会内で希望者を募りました。始めてからは、カフェに参加してくださった他教会の方、教会員のご家族にお声をかけ、加わってくださり、現在は八人です。

二〇一七年は年に六回カフェを開催しました。二〇一八年と二〇一九年は、一月に樋野先生の講演会も行い、年に九回ずつカフェを開催しました。カフェの参加者は、少ないときは七、八人、多いときは一三〜一五人です。ほぼ毎回、初めて参加される方が二、三人あります。がん患者当事者は二〜四人です。

少人数であることを恐れず、一回のカフェが一期一会と心得て、とにかく一回ずつ続けることが肝心だと思います。別のカフェの方から、「『二年ほど前からカフェの存在は知っていたけれど、なかなか行けなかった。やっと参加できた』という人が来たことがある」とお聞きして、今、来られなくても続けていればいつか来てくださる方があるかもしれない、と強く思いました。

がん哲学カフェを始めて、新しい出会いがありました。社団法人がん哲学外来のホームページに紹介されている情報を見てこられた方がありました。埼玉県内の看護専門学校の学生さんが、患者会参加の実習として来られたこともあり、うれしいことでした。

また、がん哲学カフェを始めたことを、近隣の教会にお知らせしました。そのことで、他教会の教会員とお会いすることもできました。これも出会いが広がりうれしいことでした。

他のカフェでは、地域の社会福祉協議会と連携ができているところもあり、いつかそのような公的機関と協力できたらいいと願っています。広い意味で地域に仕える教会の業として、これからも活動を続けていきます。

（川口がん哲学カフェ　いずみ 代表、日本基督教団西川口教会牧師）

本庄がん哲学カフェ　のぞみの会

「がん友の恵み」を広めよう

疋《ひき》田《た》國《くに》磨呂《まろ》

大宮教会に牧師として着任して一九年目、二〇〇七年八月（六十四歳）、前立腺肥大の手術をすることになりました。その準備のエコー検査で右腎臓にステージ二のがんがあることが判明し、転移しないうちにと、急きょ前立腺肥大の手術が右腎臓の全摘出手術となりました。

ちょうど関東教区の責任を持つ総会議長になったばかりでしたが、そこから二期四年間の務めをなんとか果たし、一息をついた二〇一一年一一月、前からあった左腎臓のポリープのがん化で腫瘍の摘出手術をしました。それまで、がんは手術して腫瘍を取ってしまえば治るのだと簡単に考えていました。ところが翌年、二〇一二年九月（六十九歳）、腎臓がんの再発と両肺への転移を告げられ、余命一年の宣告を受けました。その時、初めてがんの恐ろしさを自覚しました。

ちょうどその日、聖書日課によって示された御言葉は、「ダビデは、彼の時代に神の計画に仕えた後、眠りについて、祖先の列に加えられ、朽ち果てました」（使徒言行録13・36）です。自分にもその時が来るのだと冷静に受け止め、すべてを神に委ねました。そして教会員にがんの再発と余命一年と宣告された旨を伝え、祈っていただくように願い、また、長老会に牧師招聘の準備をするように願いました。

しかしその後、皆さんの祈りと、よい医師・よい治療との出会いもあり、余命一年のはずが、二〇一九年一〇月の今日まで守られてきました。

楽しいひと時が大切

二〇一五年五月、恩師の内藤留幸《とめゆき》牧師が肝臓がんで余命半年の宣告を受けたと聞き、同じ病院に通うようになりました。さらに八月、同じ埼玉の愛泉教会で労する森田弘道牧師が十二指腸乳頭部がんで入院手術となり、私の運転する自動車で、三人で毎週一回同じ治療のために通院しました。行き来の車中は、病気の状態や、伝道牧会や神学等の話題で楽しいひと時でした。

三人が、がん治療に対して希望を持って前向きに取り組んで来られたのは、「がん友」のゆえでした。この〝「がん友」の恵み〟を、がんと闘っている皆に広めようと三人が発起人となり、内藤牧師を会長にして「がん友の会」が発足しました。関係諸教会に呼びかけ、二〇一六年二月一一日「がん友の会」発足講演会を、大宮教会を会場にして開催。一三教会六六名の出席がありました。

がん予防やがん治療において大事なことは、免疫力を高めることです。身体の免疫力はもちろんですが、「精神的免疫力」も大切です。「がん友」と共に治療上の不安や効果などを自由に語り合い、分かち合うことは、希望を持ってがんと向き合える「精神的免疫力」を高めることを私自身が経験しました。「がん友の会」では、定期的な分かち合いの場を持つことを計画し、樋野興夫医師の講演会やがん哲学カフェにも教会員と共に出席して学び、準備しました。しかし、大宮教会の牧師交替、内藤牧師の召天、森田牧師の入院などで、「がん友の会」は活動を終えました。

隣人愛の実践の場

二〇一七年四月より本庄教会の招聘を受けました。高崎南教会の田尻かおり牧師が肺がんで、励まし合い、がん哲学カフェを始めようと話し合っていましたが、翌年八月、主の御許に召されました。早く実現するようにと背中を押されたことを感じ、中井理佐子姉が中心になって始められた「がん哲学外来 白鷺メディカル・カフェ」での樋野興夫医師の講演会に行き、本庄でのカフェ発足のために協力を願いました。

本庄教会の教会員には、私ががんであることを表明し、祈っていただくように願っていましたので、教会でカフェを始めたいと発案すると、皆「良い計画だ」と喜んで協力してくれました。そして着任二年目の本庄教会の宣教活動方針の中に「がん哲学カフェ」が記されました。

二〇一九年三月二四日（日）午後二時、樋野興夫医師を迎えて「本庄がん哲学カフェ『のぞみの会』」発足講演会を本庄教会で開催しました。案内のチラシを作り、地域の諸教会、本庄市内の地域に新聞折り込みで案内し、四九人が出席しました。

四月より、毎月第三金曜日午後二時～五時を定例の集まりとしています。闘病している当教会関係者八名、外部の方八名が参加しており、毎回の平均出席者は一〇名です。教会員に「カフェが教会の業である」という意識をもってもらうために、週報に出席者数を掲載し、前回話し合われたポイントを記した案内を教会員に配っています（外部の方々には葉書で案内します）。教会のホームページにも案内を掲載しています。

カフェは教会が世に仕えるための、大切で、手応えのある働きだと実感しています。どの教会にもがん経験者がおられるでしょう。教会でカフェを、という思いがあれば、まず、教会員の中でがんを患っている方々で集まり、お互いに病状などを分かち合うことから始めてはどうでしょうか。がんの経験者が中心にならないと始まらないし、続きません。互いに分かち合うことの恵みが分かれば、積極的に準備が進んでいきます。既に始めているカフェに参加して、体験してみることも大切です。カフェはがんを患っている方々に仕える活動なので、キリスト教を直接伝道する場ではないこと、隣人愛の実践の場であることを理解して、この働きにあたりたいですね。

（本庄がん哲学カフェ　のぞみの会代表、日本基督教団本庄教会牧師）

がん哲学外来メディカル・カフェ in 荻窪

教会への最初の一歩に

馬越正就《うまこしまさなり》

「がん哲学外来メディカル・カフェ in 荻窪」を開始したのは二〇一七年の九月のことです。

発端は、当教会の中島秀一牧師が、樋野興夫先生のお話をお茶の水クリスチャン・センター（OCC）で聞いたことでした。大きな感銘を受け、「荻窪栄光教会でもぜひカフェを開催したい」と願われたのです。中島師は二〇一七年春の役員会に、これを審議事項として提出。役員会の承認を得て開催が決まりました。宗教とは直接関係のない社会的活動を、教会内で行うわけですから、最初は全くノウハウがない中での手探り状態でした。しかし牧師ご自身がリーダーシップを発揮され、教会員の中でこの活動に賛同される方を次々に集め、事務局が結成されました。

九月の開催を目ざして事務局会議を毎月開催し、椅子やテーブルの配置を含めた会場の準備や、当日の運営の仕方、参加者でつくる小グループの人数、樋野先生の書籍販売、事前の告知活動、コーヒー・紅茶や茶菓の準備をどうするかなど、具体的な事柄を決めていきました。教会員でデザイナーの方にチラシを作成していただき、教会のホームページでも開催を告知しました。

最初のメディカル・カフェには樋野先生に来ていただき、記念の講演会を開催すると共に、外部のカフェ関係者の方々にお声がけをしてファシリテーター（小グループの話し合いの導き手）となっていただくことをお願いし、無事にスタートすることができました。

ファシリテーターという難関

開催するにあたって最も気がかりだったのは、「専門的な経験がない教会員が、小グループのファシリテーターを行うことができるのか？」ということでした。九月の最初のカフェの際には外部の方にファシリテーターになっていただき、事務局メンバーはそれぞれのグループに入り、そばで見ながら進行のコツを摑んでいきました。二回目からは教会員のメンバーがファシリテーターとなり、今日までその運営にあたっています。ファシリテーターを務めるにあたっては、自分自身ができるだけ肩の力を抜いて、沈黙が続こうがとにかく参加メンバーの話をじっくり聞き、穏やかに話をしていただける雰囲気づくりをするところに、ポイントがありそうです。

メディカル・カフェは現在基本的に毎月開催されています。五、七、九、一、三月は通常のカフェを開催し、偶数月と一〇月、一一月、一二月は「読書会カフェ」と称して樋野先生の著作を読み、少数の参加メンバーで語り合う集まりを行っています。参加人数は前者の通常カフェがおよそ三〇

〜四〇名、読書会カフェは一〇名前後です。

告知には、半年ごとに毎月の開催を知らせるチラシを作り、九月と三月に樋野先生に来ていただくカフェの前には単独でチラシを作っています。杉並区と杉並区社会福祉協議会に後援依頼の申請書と規約を出すことで、今年から後援していただくことになりました。特に「広報すぎなみ」のホームページへの情報掲載が、地域の方にカフェを知らせる機会となっているようです。

教会に親しみを持ってもらえたら

私たちの荻窪栄光教会は、中田羽後《うご》牧師と森山諭《さとし》牧師によってその基礎が築かれ、教会の建物は中田羽後師がご自分の土地を捧げられた土地に建っています。教会設立の理念として五つの柱があるのですが、その中の一つに「地域社会への宣教」ということがあります。その一環として、教会音楽の発展に生涯を捧げた中田羽後師の翻訳による、日本語でのメサイア公演を五〇年以上にわたって継続してきました。杉並区荻窪は東京の中でも「クラシックの街」と言われていますが、当教会ではメサイアや教会音楽を地域の皆様に聞いていただくことによって、音楽を通した地域への宣教活動を行ってまいりました。

この伝統の上に、新しく始められたのがメディカル・カフェです。もちろんカフェは、直接的な宣教活動ではありませんが、地域の皆様に場所を提供することで、実際に教会に足を運んでいただくことができます。そこで教会員による心を込めた手作りのカフェの運営に触れていただき、教会に親しみを持ってもらうことができれば幸いです。

また、外部からの参加と同時に、教会の内部でがんやさまざまな重篤な病にかかっていらっしゃる方にも参加していただいています。カフェを通して、教会内の一人一人と向き合い、話を聞くことで、その方のために深く祈っていくことができるということも、大きな意義のあることだと思っています。

毎回、荻窪カフェのために茶菓の準備、受付、会場・テーブルセッティングをはじめさまざまな準備を自発的にやってくださる教会員に恵まれていることが、カフェを継続できている秘訣です。

また、私たちのカフェで幸いなことは、国際協力ＮＧＯワールド・ビジョン・ジャパンの理事長であり、ＯＣＣの副理事長でもある榊原寛師が毎回参加してくださり、冒頭でのお話や、グループでの話し合いの紹介・総括などをしてくださることです。面白おかしく、ウィットに富んだ話しぶりは荻窪カフェの名物になっています。

（がん哲学外来メディカル・カフェ in 荻窪 スタッフ、日本イエス・キリスト教団荻窪栄光教会員）

がん哲学外来・メディカルカフェ㏌常盤台

「準備の時」を大切にして

友納《とものう》靖史《やすし》

最初にこの働きを知ったのは、前任教会の近隣S医院が特別養護老人ホームを開所することになり、施設名の命名を頼まれたときでした。その開所式講演会に招かれたのが、S医師が日本で最も尊敬する方、樋野興夫先生でした。そこで初めて、がん哲学外来カフェの働きについて知り、内容の深さに驚きました。

樋野先生とは初対面でしたが、教会や病院を越えて全人的ケアを行う大切さを、講演後の食事の席で語り合いました。カフェが、「病気により人生を深く考えるチャンスを与えられた」と信じる方々とその家族に寄り添う場であり、深い全人的苦痛を聴き取る、共にいる奉仕の働きであることを教えていただきました。更に、「日本全国にある七千の教会がこのカフェの働きに関わるなら、日本は変わる」というビジョンを、熱く語ってくださいました。その時既に現教会への赴任が決まっていることを知られた樋野先生が、「いつでも応援に行くから、その教会でがんカフェを始めなさい」と仰ってくださいました。それが二〇一二年春のことでした。

「主はどのような道を開かれるのか」

その秋に赴任したものの、教会員や幼稚園の方々と出会い慣れることに私も精一杯で、次の一歩を踏み出せませんでした。ところが二〇一三年の春、教会員のY兄ががんの末期で、病院の医療ミスにより深い痛みを負われたとき、樋野先生の本を病室にそっとお届けしました。するとお茶の水でのがんカフェに、ご夫妻で出席されるようになったのです。

最初に行かれた日の司会者が、榊原寛先生でした。Y兄が数十年前、この教会で信仰決心をされた特別伝道集会の講師が榊原先生だったこともあり、不思議な再会をされ、主の慰めを与えられたのです。しかしその後、Y兄の病状は悪化。Y姉一人で毎月お茶の水に通い、そこでの講話を帰って分かち合い、Y姉ご自身にとっても家族の悩みを安心して注ぎ出せる大切な時間を過ごされました。Y兄はその年クリスマスイブに地上の生涯を終えました。聖歌隊員として賛美をこよなく愛された兄の大好きだったクリスマスキャロルを皆で歌いつつ、主の御許へと送り出しました。

召される前の数か月の間、Y兄はしきりに「元気になったらこのがんカフェの働きを常盤台《ときわだい》でも始められたら」と語られました。しかし、当然のことですが、「がんカフェとは何ぞや？」とその働きや目的をまだ知らない教会員が多いなかで、すぐに活動を開始することはできませんでした。「主はどのような道を開かれるのか」と、Y姉や、一粒の麦となられたY兄の遺志を周りで聞いた方々にとって、主の時を待つ忍耐と信仰が試されました。

一つの突破口となったのは、翌二〇一四年夏、当時の伝道委員会が、特別伝道集会の講師として樋野先生を教会へ招く決断をしてくださったことです。静かながらも熱く語られる樋野先生の言葉一つ一つに、参加者は励ましと希望を与えられ、「ぜひこの教会でも」との声が一旦はあがりました。しかし慎重を要するとの意見もあり、教会の理解を得るには更に時間を要しました。何よりもこの働きは、教会内のどこの委員会に紐づけすることも難しい、新たな教会のミニストリーでしたので、まず牧師として教会員と共に道を求めることから始めました。

「万事を益とされる主」はすばらしいお方です。この時が、継続して働きにあたるための「準備の時」であることを教えてくださいました。そこで、私が前任地のミッション系大学や市立看護学校で講義を受け持った「全人的痛みとケア」について、教会員と学び合うことにしました。がんカフェに来られた方々の痛み――身体と心と人間関係の痛み、そして何よりも霊的痛み（魂の痛み）――に傾聴できるファシリテーターが教会から育っていくことを願いました。

こうして神の時が備えられた二〇一六年から、最初は三か月に一度のペースで始めました。やがて隔月で行うことができるようになり、今では教会内外の参加者を含め毎回三五名程、そして特別プログラムの日には八〇名程の方々が集われるようになりました。このカフェではクリスマスだけは賛美歌を歌いますが、それ以外は童謡や唱歌など、音楽的な賜物を与えられた奉仕者のリードで歌い、樋野先生の本からの分かち合いを全体で行います。その後、グループに分かれ、二時間ほどファシリテーターの導きで分かち合いの時を過ごします。毎回手作りの美味しいお菓子を囲んで、和やかで穏やかな時間がそこには流れています。

牧師としての願い

この働きは何よりも、病気の苦しみの中にある方、またその家族の方々への「献身」と愛の思いがなければできません。ですから、奉仕者の方々の働きに触れる度、いつも頭が下がります。

私は背後からカフェのサポートをしていますが、牧師として、これだけは行いたいと願っていながら、十分できていないことがあります。それは、毎回ファシリテーターの方々が聴き取った参加者の全人的痛みを祈りに覚えさせていただくこと、そして奉仕者の方々が全人的ケアを提供できるようにお支えするコミュニケーションの時間を定期的につくることです。

このカフェの働きに加わることを通して、主なる神は、日本の教会を「語る群れ」ではなく、「聴いて仕える群れ」として整えていってくださることでしょう。ここ常盤台から放たれる小さな光が、地域になくてはならないキリストの光となることを祈り求めています。

（日本バプテスト連盟常盤台バプテスト教会牧師）

がん哲学外来メディカルカフェ　丘の上のカフェ・シャローム

人に言えないつらさを分かち合える場

石井《いしい》瑠美《るみ》

自分の中の何かが、さらさらと

私がリンパ節に転移がある乳がんになった二十数年前は、「がん＝死」というイメージが強く、病名を知ったときから「自分はみんなとは一線を引いたところに入ってしまった」との思いが心に消しがたく刻まれました。夫の他は、子どもにも親にも、職場や教会の人にも、がんであることを言い出せませんでした。入院により周囲の方々に知られてしまいましたが、元気な人から同情や憐れみや慰めを受けたくなくて、お見舞いは断り続けました。

手術後もちょっとした体の異常に、「転移か、再発か」とおびえました。あるとき主治医から神経科医との面談を勧められ、私は初めてその先生の前で、何が不安なのか、怖いのか、すべてを話しました。ずいぶん長い時間先生は話を黙って聞いてくれて、涙が止まらない私に「おつらいですね」と言ってくれました。そのとき私は、「大丈夫、元気になるよ、治るよ」と言ってもらうより、不安を聞いてもらい、「つらいですね」と言ってほしかったのだと、ようやくわかりました。

その後一〇年間、順調な経過をたどってきたところ、今度は夫が急性骨髄性白血病となりました。夫が入院した二〇〇五年一一月六日、同じ病で闘病中だった歌手の本田美奈子さんが亡くなったというニュースが流れ、病院では男の患者さんも泣いていました。

私たちは、もう引き返せない船に乗ったような、大きな不安でいっぱいでした。しかし夫は、病気のことを口に出してくやんだり、自分で病気について調べたりすることもせず、淡々と治療を受けていました。不安や苦しさ、つらさを、私や家族にぶつけず頑張っている夫を見て、私たち家族も共に病気と闘わなければならないと感じました。この病の治療法は骨髄移植です。そのための移植病棟では、赤ちゃんから子ども、青年、大人まで、それぞれ拒絶反応や副作用などで壮絶な闘いの日々を送っており、それに付き添う家族の心配、心細さ、不安も目の当たりにしました。今まで本気で神に祈ったことがない私は、毎日夫のために祈り続けました。

幸い夫はドナーが見つかり移植をしました。その後、七年間、夫は少しずつ回復に向かい普通の生活ができるまでになりました。八年目に再発し、二〇一七年八月に亡くなりました。夫と私は精神的に一緒に病気と闘いましたが、私は「本当につらいのは夫だ、私は泣いてはだめだ」と自分に言い聞かせ、他人に絶対言えないつらさを心にため込んでいきました。

夫が亡くなって一年後に、私のために祈ってくれていた同僚と教会員の三人で、近所の教会で開かれていた「目白がん哲学外来カフェ」を訪ねました。目白カフェには、私と同じような思いをした人がたくさんいて、初めて会った私の話をそのままに聞いてくれました。自分の思いを今までせき止めていた壁が崩れて、何かがさらさらと流れていくような気がしました。「こういう場、こういうところが必要だ。自分の職場や教会で、カフェができたらいいな」と思いました。

「スタッフにしてほしい」

早速教会の役員会で、目白カフェの報告をし、「私たちの教会でもカフェを開きたい」と提案しましたが、役員会では「現在、牧師がいないし、今の高齢化した会員で新しい事業を行うことは難しい」という結論に至りました。しかし、もともと教会と一体の「一般社団法人キリスト教同仁《どうじん》社団」の地域事業として行うことならできるのでは、と話が進み始めました。

私は目白カフェに毎月通うとともに、約一年間、他のカフェにもうかがい、カフェの運営方法を見聞きしたり、カフェの参加者との交わりを広げていきました。特に先輩の目白カフェの方々には迷惑も顧みず、「教えて、助けて」と頼りながら、開催の準備を進めました。

二〇一九年の四月に樋野先生のカフェ開設記念講演会を、五月から毎月一回カフェを開くことになりました。カフェを案内するチラシは千枚作り、教会と教会につながる幼稚園や保育園、図書館、近隣の方、友人知人と、思いつくあらゆるところに配布し、チラシを拡大したポスターを掲示板に貼りました。文京区報にも講演会の情報を掲載してもらいました。

スタッフは当初二人でしたが、趣旨に賛同してくださった社会経験豊かな知人、職場のハープ講師、そして第一回目にカフェに参加した高校時代のクラスメイトが加わってくれています。このクラスメイトは最愛の妻を亡くしたばかりで、第一回目のカフェでは「今、絶望のどん底にいて、ここに参加しても正直何も期待していません」と言っていたのですが、その晩、帰宅してから「スタッフにしてほしい」というメールをくれたのです。それで二回目にはスタッフが五人になり、頼もしくなってきました。これまでの参加者は、各回、平均一六名です。

私自身の経験を振り返るとき、カフェを求めている方は必ずいると確信します。がんは、ある日突然、誰にでも起こりうる病気です。がんを経験した人、今治療中の人、大切な人を亡くした人たちが、自分の経験した苦しみ、悩み、寂しさ、哀しさを、心を開いて語れるカフェでありたいです。そして語ってくださる言葉をしっかりと、自分のことのように聞く者へと成長していきたいと願います。

私は教会こそ、がん哲学外来カフェの「器」を提供するのに最適な場所であると思います。

（がん哲学外来メディカルカフェ　丘の上のカフェ・シャローム代表、同仁キリスト教会員）

がん哲学外来　メディカル・カフェ@よどばし

ホッとして慰められるだけの場ではない

市川《いちかわ》牧子《まきこ》

「メディカル・カフェ@よどばし」は、二〇一四年七月六日（日）、樋野興夫先生をお招きして第一回が持たれました。開始当初、先生は「最低三年は続けなさい」と励ましてくださいましたが、今年その倍の六年目に入りました。

私たちのカフェは最初から教会主体でした。教会が社会に仕えるための働きとして始められ、月一度のスケジュールが教会活動の一環として組まれました。

準備の段階で牧師が中心になり、この働きのためにスタッフ募集を教会全体に呼びかけると、二〇名ほどの信徒が手を上げてくれました。ある者は対話の時間のグループ・リーダー、ある者はお茶の係、また特技を生かしてホームページへの記録のアップと、積極的に奉仕がなされています。グループ・リーダーに関しては、「がん哲学外来カフェの心得　立居振舞い三か条」（本書28頁参照）や他のカフェの資料を参考に、その心得をまとめ、皆で確認しました。スタッフはがんを経験した者、家族ががんの者、どちらでもない（しかしそれぞれに痛みを乗り越えてきた経験のある）者、背景はさまざまですが、誰もが使命を持って関わっています。

みんなでＡＫＢ♪

カフェには毎回樋野先生をお迎えし、普段は三〇名から四〇名の方々が集われます。運営はすべて、参加された方々からの献金によってなされています。カフェはほとんど平日に持たれますが、年に一、二回は日曜日になることがあります。ただ時間は、午後一時半から四時までと決まっており、これは動きません。

開始時間少し前、来られた方から順番に四人掛けのテーブルにご案内します。会が始まり、司会者（二人の牧師が交代）の挨拶のあとは、歌の時間。よく歌うのは、ＡＫＢ48の「３６５日の紙飛行機」。

人生は紙飛行機……　その距離を競うより、どう飛んだか、どこを飛んだのか、それが一番大切なんだ♪

とカラオケを使って皆で歌います。中島みゆきさんの「糸」も、よどばしお気に入りの一曲です。それが終わると樋野先生による「言葉の処方箋」の時間となります。会場の部屋はＪＲ総武線の大久保駅に面していますが、この時だけは電車の音も、隣のマンションの生活音も不思議と聞こえなくなるのです。会場全体が、先生と先生の語られる言葉に集中します。三〇分ほどお話いただき、次にテーブルごとの対話の時間となります。希望者には、この時間に並行して、樋野先生が個人面談をしてくださいます。

対話の時間は、かけがえのない時間です。各テーブルには、必ずリーダーが一人座ります。コーヒーや紅茶を飲み、お菓子（厳選された！）を食べながら、心の内を披瀝《ひれき》し耳を傾け合います。

多くのテーブルで話が尽きず続いていきますが、やがて司会者が遠慮がちに、時間の来たことを告げます。この後は、いくつかのテーブルのリーダーが、そこでどんな対話がなされたかを、また質問が出ればそれも発表します。樋野先生にはこれをお聞きいただいた上で、最後、再び言葉の処方箋の時間となります。そして四時少し前、もう一度短い歌を歌いながら会の運営のために献金をし、祈りをもって会を閉じます。

自分一人では行けないところへ

ある時期、樋野先生が「カフェはただホッとしたり、慰められたりするだけの場ではない」と強調されたことがありました。会の始めは険しい表情でも、帰られる時には笑顔になっている方が多いのを目にし、私は、カフェはホッとする場所、重荷を下ろす場所だと考えていました。もちろん、そのような要素がないというのではありません。しかし、それだけでは終わらないのがカフェだということに気づかされました。

今は、「対話を通して今までの自分が変えられていく、品性が完成に向かっていく、それがメディカル・カフェである」と教えられています。一つの言葉の処方箋を自分に当てはめ、処方されたように生きるためには、「いいお話を聞いた」「たくさん話せてスッキリした」というだけでは届かないのです。言葉を交わすことを通して自分一人では行けないところに導いてくれる、対話する相手が、どうしても必要です。それが同じテーブルのメンバーです。ですからカフェではいわゆる「キリスト教の宣伝」はしないように心がけています。一方通行になりやすいからです。

それでも、教会でカフェを開くことには意味があると樋野先生はおっしゃいます。キリストの愛をもって祈りつつ人々をお迎えし、来られた方々が気づきを得、「病であっても病人でない」人生を送ることができるよう変えられるなら、何よりの感謝です。どこでも話せなかった苦しみを「ここでは話せる。聴いてもらえる」と感じていただける場（あなたをもっと＝You more）、そして同時にユーモアあふれる出会いの場を、今後も社会に向けて提供し続けていきたい、というのが、私たちの祈りです。

（ウェスレアン・ホーリネス教団淀橋教会副牧師）

メディカル・カフェin横浜磯子

「教会こそが」と説得を重ねて

出《で》口《ぐち》定《さだ》男《お》

「小さな種」から始まる

二年半に及ぶ準備期間を経て、私が所属する横浜磯子教会でメディカル・カフェを開催することになったのは、二〇一八年九月一六日でした。第一回目のカフェは樋野興夫先生の特別講演から始まりました。当日は日曜日、主日礼拝日でした。主任牧師の説教の題は「成長する種」。樋野興夫先生は牧師の説教に、真剣に耳を傾けていました。

とっても小さなからし種は、ごま粒半分ほどの大きさしかありません。しかし信仰において大切なのは、大きさや強さではなく「あるか、ないか」です。からし種ほどの小さな信仰でも、それがあれば、神さまが大きく大きく育ててくださいます。――

牧師の説教の後、樋野先生は開口一番こう言われました。「がん哲学外来を始めたときに、メディアは私のことを変わり種と言いました。今日、からし種の説教を聞いていて当時のことを思い出し、この小さな種は確かに『ある』と確信しました」。

最愛の妻に先立たれて

私の妻がステージ四の大腸がんと宣告されたのは、二〇一四年の夏を過ぎた頃でした。病院からの帰り道、容赦ない夏の日差しを浴びながら、私たち家族三人はレストランで食事をしてこれからのことを話し合い、必ず治癒できると信じて明るく振る舞いました。闘病は一年半に及びました。彼女は最期まで優しさと感謝を忘れることなく、「勇ましい高尚なる生涯」を閉じました。

それまでの私は自分がクリスチャンであることから逃げていました。入院中の妻を見舞った帰り道はいつも涙で、「前」を見ることができませんでした。祈りました。ただ、祈りました。

妻の弔いが終わって喪失感のただ中にあったとき、ふと「教会に行こう」と思いました。何の前触れもなく、自分がクリスチャンであることを強く意識しました。随分長い間、教会から離れていたのでインターネットで近所の教会を調べ、横浜磯子教会に連絡して牧師と面談できることになりました。妻に先立たれてようやく教会に戻ったのです。

帰り際に、中村清牧師からメディカル・カフェ開催の提案がありました。当時の私は、メディカル・カフェの名前を聞いたことはあったものの、内容はほとんど知りませんでした。

その後、「私たちの教会でもメディカル・カフェを開催したい」という思いが育っていき、中村牧師と何度も話し合いを重ねました。お茶の水クリスチャン・センターや他教会主催のカフェに参加して、多くの方々と交わりを持ち、学習をさせていただきました。

しかし、教会でメディカル・カフェを開催することには、多くの教会員から「理解できない。メディカル・カフェって何ですか？」と質問され、何度も何度も説明をしました。「教会こそが、カフェを必要とするがん患者さんや、そのご家族、友人に、扉を開くべきです」と。

そして二年半、途中で投げ出したい気持ちになったのは一度や二度ではありませんが、何人かの教会員は理解してくれました。心強い仲間を得たのです。

この仲間たちと、がん哲学やカフェについて学ぶ「学習会」を毎月第四木曜日に開催することになり、現在も続いています。今では学習会に併せて、どなたでも参加でき何でも話せる「カジュアルカフェ」も開き、毎回一〇人ほどの出席を得ています。ここに集ってくださる教会員以外の参加者が、カフェの心強いスタッフとして活躍してくれています。「メディカル・カフェって何ですか？」と質問した教会員も、今は主要なスタッフの一人です。

カフェの双方向性

からし種一粒ほどの小さな信仰によって始まったカフェです。しかしその種が芽生え成長して大きな木になるように、私たちも今、多くの大切な答えをいただいている気がします。

カフェは、苦しんでいる誰かに寄り添うことです。しかしそれは一方的なことではありません。私が寄り添っているとき、同時に私は寄り添われています。人に寄り添うことは、「この私に寄り添ってくれているあなた」を発見することなのだ、と知らされてきました。カフェは患者さんやご家族の交わりの場であるだけではなく、参加者一人一人の小さな命が、たくさんの命によって生かされていることを認識する場なのだと感じています。

年に四回の開催予定のカフェも、二〇二〇年一月には六回目を迎えます。参加者は毎回三〇名ほどです。

人生（命）は与えられた贈り物。メディカル・カフェによって与えられた、もう一つの人生を勇ましく高尚に生きていくことが、私たちに新しく与えられた贈り物です。

自分たちにできることは本当に小さなことです。それは心細い思いをしているあなたを探すこと。あなたもきっと、私を探していてくれると信じて、この働きを続けていきます。

（メディカル・カフェ in 横浜磯子 スタッフ、日本基督教団横浜磯子教会員）

がん哲学外来 八ヶ岳メディカル・カフェ

祈祷の形をとらずにささげられる祈り

山本《やまもと》 護《まもる》

がん哲学外来「八ヶ岳メディカル・カフェ」の運営は、私たち八ヶ岳伝道所の歩み方そのままの調子で始められました。当伝道所は一九九四年に開拓伝道が始まり、二〇〇八年にようやく日本基督教団への加盟が実現。この時点では拠点となる建物はありませんので、牧師宅や信徒の家などを巡りながら礼拝していました。その後、土地を取得し、他のものは後回しにしてまず礼拝堂だけ造ろう、ということでお金を集めてはその分だけ建築していたら、数年間かかって二〇一六年に礼拝堂が完成しました。そのうち飲食や歓談する場も欲しいねとなり、礼拝堂建築のために使っていた作業小屋を、またもや集まったお金の分だけリノベーションしていって、やがて集会所が出来上がると、自然発生的にいろいろな集会がおこなわれるようになりました。

こうした歩み方の中で二〇一九年三月、八ヶ岳メディカル・カフェが始まり、以降月に一度開催しています。このような調子で開設したために充分な準備はしなかったし、予測を外れて変化せざるをえないようなことが起こっても当然だと考えていました。

教会にとっての大事な何か

私たちがカフェ開設の志をいだくには、ひとつの出来事がありました。二〇一七年一一月、四十代の信徒、清水美穂さんが治療の難しい希少がん「滑膜肉腫《かつまくにくしゅ》」だと診断されたのです。彼女は治療の合間に、がん哲学外来のカフェが信州の松本（松本がん哲学みずたまカフェ・代表＝齋藤智恵美さん）や佐久（ひとときカフェ・星野昭江さん）でおこなわれていることを見つけて訪ねるようになり、ほどなくして美穂さんの思いに寄り添う信徒も同道するようになりました。二〇一八年末、同道した二人の信徒から、「八ヶ岳でも」という提案を受けます。「あっ」と打たれたような軽い衝撃と共に、この提案が教会にとっての大事な何かであると予感しました。

数日後の二〇一九年一月の役員会では、担当者とか実務的な事柄はすっ飛ばして、「ここでもカフェを開こうじゃないか」と決まりました。さっそくインターネットで調べて、同月に樋野興夫先生がお話をなさる東京のカフェを見つけ、そこへ私が赴き、紹介者もなく事前連絡もせず、また挨拶めいたことも述べずに、いきなり講演依頼をいたしました。茫洋《ぼうよう》として奥行きのある樋野先生は、すべて分かっているかのように、すうっと自然に応じてくださいました。

そして三月、先生を八ヶ岳山麓の伝道所にお招きして、講演と共に第一回目の八ヶ岳メディカル・カフェが開かれました。

いつも、ゆるやかに

「がん哲学外来」のことをほとんど知らなかった私たちは、カフェを開くに当たって、まず初めに「一般社団法人がん哲学外来」に申請して、認定団体にしていただきました。そのことで他のカフェともつながりができ、精神的にも実際的にも、そして「どのようにやってもいい」という力の抜けた心構えにおいても、多くの関係者からアドバイスや励ましをいただきました。

第一回目は樋野興夫先生の講演もあって、五〇名を超える集まりになりましたが、このところは落ち着いてきて、一〇名から一五名くらいでの集まりになっています。参加人数によって礼拝堂と集会所の二か所に分けようか、一か所でいこうか、何人の参加になるのか始まってみなければ分からないので、いつもゆるやかに準備しています。カフェの始めには、まず詩を読んだり、写真集を紹介したり、その日の担当になった者がプログラムを自由に決めています。

スタッフは伝道所の信徒、牧師の私を加えておおよそ七名。おおよそとは、全員が皆勤なわけでもないからです。開催時間前には祈祷と簡単な打ち合わせをしますが、カフェの中では祈祷や讃美はしません。私にしてもいかにも牧師っぽい役割などなく、皆さんの話を聞き、どなたかの感情が横溢することがあっても、全体として落ち着いて静かな場に、ぼんやり身を置いています。また周囲の庭や林や野道が心地良いせいか、カフェの合間にふらりと逍遥している参加者もおられます。

前述した松本の「みずたまカフェ」や佐久の「ひとときカフェ」とは、とりわけ親しくしていただいており、毎回ではありませんが互いに訪れ合うような、大げさではないネットワークになっています。地理的には松本と佐久は長野県ですが、ここ山梨県の八ヶ岳伝道所は両者をつなぐ中間あたりに位置しているせいかもしれません。

「八ヶ岳メディカル・カフェ」はひと月に一度の開催ですが、そのくらいの頻度で開かれるカフェが近在にもっとあったらいいのにな、と参加者の誰もが思っています。日時が重ならないようにして週に一度くらい訪ね合うことができれば嬉しいし、それが教会を拠点としているものであれば、「キリストの兄弟姉妹」という言葉通りの関係が瑞々《みずみず》しく現れるような気がします。

カフェの時間は毎回、厳粛で、柔らかく、真剣で、参加するたびに自分が整えられていく感じがあります。これはカフェの効能のようなものかもしれません。

二〇一九年七月一九日、美穂さんが召天しました。彼女は無口でしたが、いろいろな意味でスタッフの中心でした。感傷的な気持ちからではなくリアルに、今も静かな美穂さんが八ヶ岳メディカル・カフェのどれかの席に座っている感じがあります。

カフェで語られる参加者の言葉はどれも真摯《しんし》で、誠実で、正直で、心を打ち、祈祷の形をとらない祈りなのだと思います。

（がん哲学外来　八ヶ岳メディカル・カフェ代表、日本基督教団八ヶ岳伝道所牧師）

ひだまり　がん哲学メディカルカフェ

せっかくがんになったのだから

河《かわ》田《だ》直《なお》子《こ》

『信徒の友』で「がん哲学外来」の連載が始まったのが二〇一四年。ちょうどその頃、私の教会のF氏に肺がんが見つかり、治療中にお連れ合いが肝臓がんで先に召されてしまうということがありました。そうするうちに今度は私が、二〇一五年に乳がんの治療・手術ということになり、F氏から「このカフェをやってみたいから、一緒に手伝ってくれないか」と言われました。

最初は、適当に受け流していました。というのも、私自身は、本当に恵まれた治療ができたと感謝していて、特に不安や苦しみもなかったからです。がん患者が集まって話をする必要があるのか、と乗り気になれなかったのです。

しかし、そのうちいよいよF氏の病状が重くなりました。彼からは遺言のように「やってみて欲しい」と言われ続けたものですから、私もようやく重い腰を上げて、日本キリスト教団出版局に問い合わせ、樋野先生に連絡をとりました。たまたま樋野先生が岡山大学に来られる予定があるとのことで、その機会を利用してカフェ開設記念講演会をしていただこうというところまでこぎつけました。その準備が進んでいた最中の二〇一六年三月、闘病中であったF氏がついに逝去されました。

この準備の中で私の思いは変わっていきました。教会の中でもがん闘病中の方が多く、私ががんであることを話すと、「実は私も、私も」と言われる方が多くて、二人に一人ががん患者ということを目の当たりにしたのです。「せっかくがんになったのだから、何かこの体験を役立てたい、用いられたい」という願いが私の中に芽生えました。

牧師のお話も好評

ついに二〇一六年六月、樋野先生のカフェ開設記念講演会を、蕃山町《ばんざんちょう》教会を会場に行うことができ、七〇名ほどの来場者がありました。続いて九月から、カフェを月一回ないし二か月に一回程度、教会ロビーで開くことにしました。幸いにも、教会の宣教計画にある「教会外奉仕の取り組み」の一つとしてカフェが位置づけられ、会場費は免除となり、運営上非常に助かっています。

スタッフには、私より二年前、大腸がんのステージ四の告知を受けたものの、元気に回復している大学の後輩の友を誘いました。また開設記念講演会で熱心に聞いてくださった二人の方、さらに教会員のお一人も加わってくださり、今は私を含めて五名で運営しています。

カフェは不定期の土曜日、午後一時半から二時間です。毎回カフェの最初に、蕃山町教会の服部修牧師に短いお話をしていただきます。教会主催の会ではないので、特に聖書からではなく、アウグスティヌスの著書からの引用であったり、ヒルティの著書からであったり、と参加者にわかりやすく話してくださり、毎回とても好評です。私自身は、キリスト者ですので、祈りをもって会を始めたいという思いが強いのですが、スタッフも全員がキリスト者ではありませんし、来られる方もキリスト教とは関係のない方がほとんどですので、そういうわけにはいきません。せめて教会の牧師を紹介し、お話をしていただく、という苦肉の策です。

服部牧師のお話に続いて、樋野先生の著書を朗読し、カフェの趣旨もお伝えします。そしてお茶を飲み、お菓子をいただきながら一人一人の自己紹介を始めます。参加者が一〇人以上の日は、一通り自己紹介が終わったあとテーブルを二つに分けます。一時間ほどたって席替えをし、多くの方と話せるように工夫しています。

「恐れることはない」

カフェを始めて三年が経ちました。この間には、亡くなった方もいらっしゃいます。健康そのものの大きな体が印象的な、まだ若い三十八歳の男性でした。彼は白血病の中でも希少がんと言われる種類のがんで、一度は寛解となり、元気に働くこともできていました。そんなときに、カフェを紹介してくださった方と一緒に来られて、「自分のような希少がんの患者会をぜひ開きたい」という夢を熱く語ってくれました。我が家の家庭集会にも来られて同様の夢を語っていたのですが、半年ほどたった二〇一八年春に再発し、苦しい治療を頑張ったものの、亡くなられました。

その死は大きなショックでもありましたので、彼が亡くなった後のカフェでは、スタッフの了解を得た上で、服部牧師に死について（キリスト者にとっては希望について）短く語っていただき、お祈りをしていただきました。了解を得て、カフェの皆で祈りを合わせることができたことは、忘れがたい経験です。

私は、がんの闘病中、幾度となく「キリスト者であって良かった！　洗礼を受けてイエス・キリストを信じることができていて良かった！」と思いました。「恐れることはない、わたしはあなたと共にいる神。たじろぐな、わたしはあなたの神。勢いを与えてあなたを助け、わたしの救いの右の手であなたを支える」（イザヤ書41・10）。ちょうど治療中に、毎週イザヤ書が講解説教されていて、私に向けてみ言葉が語られていることを思わされる、感謝の体験をいたしました。

カフェは伝道の場ではない、ということをわきまえつつ、しかし主の救いとお支えを知らされた者として、私も苦しんでいるお一人をお支えしたいと願います。そのために私が幸いにも元気でいる間、御心ならばカフェの御用に十分に用いてくださいと祈っています。

（ひだまり　がん哲学メディカルカフェ代表、日本基督教団蕃山町教会員）

がん哲学外来　ぬくみカフェ

小さなことに大きな愛を

柴田《しばた》須磨子《すまこ》

「大きなことをする必要はありません。
小さなことに大きな愛を込めればいいのです」（マザー・テレサ）

私たちの「ぬくみカフェ」の母胎は、二四年前に発足した「福岡ホスピスの会」です。当時友人の夫ががんになり、壮絶な闘病の末に天に召されました。その中で「福岡にもホスピスがあれば」という願いが与えられ、アルフォンス・デーケン師率いる「生と死を考える会」の会員有志たちが集い、教会に留まらず、一般市民向けの開かれた活動を目ざすボランティア組織が生まれたのです。

第一ラウンドは緩和ケア病棟のボランティア、続いて第二ラウンドは在宅ホスピスへと活動を広げてきました。気が付くと会員は一〇〇人を越え、長年の活動の中でスキルを上げる一方、平均年齢も七十歳を越えました。実働できるメンバーは減少し、会の存続を含め、これからどのような活動をしていくか根本的に見直す時期に来ていました。ちょうどそのような時、二〇一五年三月号

『信徒の友』への寄稿依頼が飛び込んできました。私のつたない文章を掲載していただいた『信徒の友』を読み進めていくうちに、「がん哲学外来」という聞き慣れない言葉に出会ったのです。

「わたしは傷を持っている」

申し遅れましたが、私が「福岡ホスピスの会」に加わることになったのは、看護師であったこと、そして七歳五か月の末娘を交通事故で失った体験を基に、グリーフケアの担当をしてもらいたいということでした。娘のあの日から三二年の歳月が流れました。その出来事は、私にとっては遠い過去ではありません。「目を覚ましていなさい、あなたがたは、その日、その時を知らないのだから」（マタイ25・13）。他人事として聴いていた聖句が剣のごとく突き刺さり、受け入れがたい現実に死すら考えた、やり場のない慟哭《どうこく》の日々を昨日のことのように思い出します。教会の方々や多くの友人にどれほどに祈られ、支えられたことでしょうか。

「わたしは傷を持っている　でもその傷のところから　あなたのやさしさがしみてくる」。星野富弘師の詩画集の一句です。もう私の命は自分だけのものではない、これからは娘の命を生かし続けよう、それが関わってくださった方々へのご恩に報いること。そう考えると天から娘が執り成すように、私の行く手になすべきことが次から次と降りてきました。「がん哲学外来カフェ」との出会いも、そのようにして与えられました。

ぬくもりのある場を目ざして

『信徒の友』の記事を読み「これだ！」と思いました。「今、私たちに最もふさわしい活動、がん哲学外来カフェ！」。その場で編集者に連絡し、樋野先生につないでいただきました。それから一年をかけて役員を説得し、まずは樋野先生を知っていただくための公開講座をカトリック大名町《だいみょうまち》教会で開催しました。そして三か月後、二〇一六年五月に「ぬくみカフェ」が誕生しました。第三ラウンドの始まりです。「ぬくみ」の名前には、これまでの活動に加え、ゆったりとぬくもりのある場の提供を目ざしたいという思いを込めました。

「医療と患者の隙間を埋め、支え合うためのピアサポートは、これから、いっそう必要」と賛同くださるのは、本会の顧問を引き受けてくださっている、みどりの杜病院院長の原口勝先生です。原口先生の物静かな包容力はがん哲学外来に打ってつけで、個人面談も毎回予約で埋まります。

カフェは年六回開催で、毎回スタッフを含めた四〇名ほどが集います。参加者が、お互いを分かち合う対話を通して、がんという事実は変えられなくても、病気であっても病人でない生き方があると気づくとき、カフェは想像以上に「新たな人生を見付け、生き直しを始める場」となるようです。参加者のお一人、大腸がんからの転移がある医師の方は、「自分は今まで患者さんを生かすことばかりを考え仕事をしてきたし、自分もがんを治さなければならないとばかり思って治療してきた。しかしカフェに参加することで、これからの命ときちんと向き合わなくてはと気づかされました」と樋野先生の本をお求めになっていました。これがキャンサー・ギフトということでしょうか。

カフェの開催には費用もかかります、現在は、書店でもある男子修道院のサンパウロ宣教センターを有料でお借りしています。参加費の五〇〇円では、茶菓子を含めたらまかなえませんが、参加者からお菓子の差し入れを受けたり、手作り品小物の提供を受けて販売したり、ご寄附等もいただいています。原口先生もゲストの皆さまも、無償ボランティアです。

私自身、常に研鑽を積んで言葉の処方箋への理解を深めつつ、ゆとりをもって感情のコントロールができるボランティアとしてさらに成長していきたいです。映画、読書、山登り、趣味の数々、大切な友との語らい、そして祈り等のすべてが、カフェの中での豊かな寄り添いをするための糧となりましょう。生前に遺してくれた娘の言葉が、幼い声と共に甦り、今も私の行く手を照らし続けています。「ママ！　イエスさまが一番お疲れなんだよ、頑張らなくっちゃ！」

「一粒の麦は、地に落ちて死ななければ、一粒のままである。だが、死ねば、多くの実を結ぶ」（ヨハネ12・24）

（がん哲学外来　ぬくみカフェ代表、カトリック西新教会員）

おわりに

本書第二部は、二〇一六年度、雑誌『信徒の友』に連載されたものです。掲載から三年が経っていますので、それぞれの執筆者に必要な加筆をしていただきました。

若生礼子さんはこの三年の間に亡くなられましたが、生涯を共に歩んだ若生秋夫牧師が一文を加えてくださいました。礼子さんを記念することができ幸いでした。闘病中の夫、高野圀昭牧師と共にカフェの働きを始めた高野みどりさんも、この三年間に、圀昭牧師を天に送りました。しかしみどりさんは、カフェの働きを今も使命と喜びをもって続けていることを加筆してくださいました。地上の命の終わりが、志の終わりではないのだと教えていただきました。

川越の to be café や目白がん哲学外来カフェでは、地域の方と教会のスタッフが協力してカフェを運営している様子を記してくださったのも幸いでした。

本書第三部は、今実際に教会でカフェを開いている信徒・牧師の方々、一五人に執筆していただきました。これを読んでいただくと、一口に「がん哲学外来カフェ」と言っても実に多様な可能性があるのだ、とお分かりいただけるはずです。志を得てすぐに始める教会があれば、教会内で合意を形成するために慎重に長い時間をかけて準備をした教会もあります。牧師が先導した教会があれば、信徒が中心になっている教会もあります。教会の働きとして位置づけているところがあれば、教会とは独立した別組織が責任をもっているところもあります。がんの当事者や遺族が中心になっている教会があれば、そうではない教会もあります。カフェを開く場所もかならずしも教会に限りません。

本書を手にとった方々の中には、「カフェに興味はあるけど、一歩を踏み出せない」という教会の方も少なくないと思います。ご自分の教会は、どのパターンに近いだろうか、どのパターンなら自分たちにもできそうか、といった具合に、本書を参考にしていただければと願います。

＊

私は、このカフェの働きは、教会がバージョンアップするための絶好の機会である、と思います。これまで日本の教会は内向きであり、「上から目線」だったのではないでしょうか。牧師も教会員も、悪気はなく、むしろ善意でありながら、救いを求めて教会を訪ねてくる方を傷つけてしまうことがあったのではないでしょうか。

カフェを始め、扉を開くなら、がんの悩みを抱えた方々が教会に入ってきてくださいます。誰にも雨が降るように、がんも誰もがかかりうる病気です。苦しみを抱えた方の話をじっと聞き、その思いに寄り添う教会員・牧師になれるでしょうか。「なぜ、こんな病気になってしまったのか」と問わずにおられない方々の思いを受けとめつつ、「いかに、ここから生きるか」へとその思いの方向を転換していくのを、お手伝いすることができるでしょうか。困っている人と一緒に困ることができるでしょうか。

がん哲学外来カフェは教会へのチャレンジです。牧師と教会員が「馬」をおりて、カフェの参加者と同じ目線に立ち、そして教会に広々とした場所を作っていく。そのような教会は、がんの方だけでなく、誰にとっても、入りやすく親しみやすい場所であるはずです。

二〇一九年一一月一四日

樋野興夫

樋野 興夫　ひの・おきお

1954年島根県生まれ。
米国アインシュタイン医科大学肝臓研究センター
米国フォクスチェース癌センター
（財）癌研究会癌研究所実験病理部 部長
順天堂大学医学部 病理・腫瘍学 教授を経て、
現在、
新渡戸稲造記念センター 長
順天堂大学 名誉教授
順天堂大学医学部 病理・腫瘍学 客員教授

2008年「がん哲学外来」を開設。http://www.gantetsugaku.org/

編著書
『がん哲学外来で処方箋を　カフェと出会った24人』（日本キリスト教団出版局）
『いい覚悟で生きる』（小学館）
『がん哲学外来へようこそ』（新潮新書）ほか多数

教会でも、がん哲学外来カフェを始めよう

2019年12月10日　初版発行

編著者　樋　野　興　夫
発　行　日本キリスト教団出版局
169-0051　東京都新宿区西早稲田2丁目3の18
電話・営業03（3204）0422、編集03（3204）0424
http://bp-uccj.jp

印刷・製本　三松堂

ISBN 978-4-8184-1049-7　C0095　日キ販
Printed in Japan